U0029169

接受不完美的勇氣 2

認識自己與改變自己的 100 句自我革命

ALFRED ADLER 100 Words to Change Yourself in a Heartbeat

作者◎小倉廣　譯者◎楊明綺

「了解自我」這件事就是最佳教育方法。

——摘自《難以管教的孩子們》

阿爾弗雷德・阿德勒 著／岸見一郎 譯（Arte 出版）

接受不完美的勇氣 2
認識自己與改變自己的
100 句自我革命

前言

阿德勒提出「改變自我」的唯一方法

你曾想要「改變自我」嗎？

大部分人肯定「曾經有過」一、兩次這念頭。我想，現在也有很多人這麼想才是，因為人是希望自己變得更好的生物，所以「想要改變」是理所當然的事。

「想要改變」這件事，意味著「想要進步」、「想要成長」，也可以說是心態健全的一種證明吧！

相反的，「不想改變」的想法或許可以說是心態不健全，為什麼呢？因為「不想改變」這件事，與「不想進步」、「不想成長」畫上等號。

「阿德勒心理學」中，將以「自卑感」作為藉口，「逃避人生各種課題」一事，稱為

「自卑情結」，這種心態不同於單純的自卑感；亦即唯有以自卑感作為藉口，「逃避人生的各種課題」時，才稱為「自卑情結」。

我們時時都在追求進步與成長，為什麼呢？因為我們必須不斷突破來自阿德勒定義的人生三大課題，「工作的任務」、「交友的任務」、「愛的任務」的困難，而且這些任務隨著年齡漸增，也會變得愈來愈困難吧。因此，我們必須不斷追求進步、成長與「改變」。

那麼，該怎麼做才不會讓自己陷入「自卑情結」這個陷阱？才能改變自我呢？

與佛洛伊德、榮格並稱深層心理學三巨頭之一，有「自我啟發之父」美稱的心理學家阿爾弗雷德・阿德勒，早在距今百年前便明確提出「改變自我」的方法。

那就是「察覺自我性格的缺陷，改變性格」。

許多人認為「性格不可能改變」。

但阿德勒學派的看法不一樣，他們認為性格隨時都能改變。根據西多尼・馬汀・羅斯（Sydeney Martin Ross）傳承阿德勒的說法，認為人即便到了「臨終前一、兩天*[1]」，還是有可能改變性格。

當然，必須要有幾項前提條件。

首先，第一步是「察覺形塑自我性格的缺陷」。

「阿德勒心理學」中，因為這種缺陷而導致的偏差行為有兩種，一種是「優越的自卑情結」，另一種是「自卑情結」。

如果你有其中任何一種，那麼察覺一事就是改變的第一步。

阿德勒說：「了解自我」*[2]，察覺自己的「缺陷」，可以說是拋卻過往積習，而且一旦察覺，就必須實踐新課題。

＊1《阿德勒的回憶》Guy J. Manaster 合編／柿內邦博 合譯（創元社）P.63
＊2《難以管教的孩子們》阿爾弗雷德 · 阿德勒 著／岸見一郎 譯（Arte）P.116

閱讀本書第一章、第二章、第三章的內容，能幫助你了解自己是否有自卑情結這個「缺陷」；第六章的內容則是幫助你找出使用「情感」時的「缺陷」。

第二步是讓你擁有「改變自我的勇氣」。

阿德勒說：「了解自我、改變自我，對我們來說，似乎是最困難的事。*3」

人本來就無法客觀看待自己，就算對現狀不滿，也容易選擇「不改變」，為什麼呢？畢竟不改變比較輕鬆，改變是一件很辛苦的事。儘管口口聲聲說：「我討厭現在這樣子，我想改變。」還是會選擇不改變這條路，也就是選擇「自卑情結」這條路，並以此為藉口。

然而，如果擁有勇氣的話，便有可能脫離這種自卑情結，選擇讓自己變得更好，也就是選擇改變這條路。第四章、第五章、第七章能學習到這種「勇氣」與「擁有勇氣」，以及與「勇氣」有莫大關聯的「共同體感覺」。

最後一步就是關於「改變、可以改變」的第八章。

這一章介紹身為精神科醫師、心理學家的阿德勒與病患接觸的臨床經驗，以及給予師長父母的一些建議；這些就是為了「改變」的方法，也是「可以改變」的方法。

總之，根據章節依序閱讀本書的名言，便能讓你不知不覺學習到改變自我的方法。

要想改變自我，原本必須尋求精通阿德勒心理學的諮商心理師協助；但我希望藉由閱讀本書，能讓我們抓住「改變自我」的契機，至少能夠明白現在的自己究竟身處什麼樣的機制中，了解我們為何「明明想改變，卻無法改變」的原因。

若想進一步了解的話，不妨尋求諮商心理師的協助，或是自修阿德勒心理學，深入探究這門學問，總之有很多方法。

就算閱讀完本書也無法「改變自我」的話，也毋須沮喪，因為你已經「開始改變」，也

＊3《人類智慧的心理學》阿爾弗雷德 · 阿德勒 著／岸見一郎 譯（Arte）P.17

「想要改變」，才會拿起這本書。光是這樣，就已經邁開一大步。

從零開始前進到一，往往是最困難的。

從一變成二、從二變成三，反而容易多了。

你已經開始改變了。

而且，本書能協助加快這種變化。

我確信藉由學習被稱為「世紀先驅的心理學家」阿德勒的名言，可以促使我們改變。

本書被形容為「百寶箱」，也就是筆者以獨特的觀點，將散見於十幾本書的阿德勒名言，以「自我改變、改變自我」為主軸，如解謎般彙整、重新編輯的意思。

有人認為阿德勒的話語雖然如詩般優美，卻也有點難以理解，因此我在彙整、重新編輯之時，格外留意避免扭曲阿德勒的意思，也希望以淺顯易懂的說法呈現。

最後，我想再次引用阿德勒的話，結束前言。

「這（作者注：阿德勒心理學）能給予支持者們擁有洞察人心的敏銳觀察力；經過一番辛勞才擁有的才能，勢必能促使人類更進步吧！＊4」

「改變自我」一事，就是一種進步；而我們每個人的進步，與人類的進步息息相關。來吧！朝進步踏出一步吧！阿德勒的名言猶如明月，期望能清楚映照出這條「改變自我」之路，大家一起往前邁進。

二〇一七年八月　小倉廣

＊4《阿德勒心理學的基礎》阿爾弗雷德 · 阿德勒 著／宮野榮 翻譯（一光社）P.8〈摘自阿爾弗雷德 · 阿德勒的序文〉

ALFRED ADLER

Contents

前言

阿德勒提出「改變自我」的唯一方法

第一章

人是一種懷有自卑感的存在。

——關於「自卑感」與「追求優越性」

1–12

* 文中的用字遣詞是尊重阿爾弗雷德 · 阿德勒（1870 ~ 1937 年）的原著與執筆年代的情況，呈現原意。
* 阿德勒理論推展時，尚未發表 ASD（自閉症類群障礙）等關於發展障礙的研究。因此，本書提及的阿德勒理論並未考量到發展障礙這方面，還請諒解。
* 本書有關於憂鬱症、身心症、偏頭痛、空間恐懼症等的教導內容，基本上是以症狀較為輕微的情況來考量。對於目前症狀較為嚴重，或是因為腦部功能障礙等原因，導致身體出現狀況的患者，請勿誤會本書內容，一味自責。

人是一種懷有自卑感的存在。

──關於「自卑感」與「追求優越性」

第一章

讓我印象最深刻的事，
就是我們邀請阿德勒來家中作客一事。
（中略）
無論是料理、還是孩子們的教養規矩，
我竭盡心力，希望將一切張羅得十分完美。

於是，將一切都看在眼裡的阿德勒，
態度淡然地問我：
「身為一位能幹的女性，應該很辛苦吧？」
這不是客套之詞，而是為了喚醒我的意識。

就這樣，我無法反駁。
對於我的療程與我的人生來說，這次的會面成了迴盪在我心裡的男高音。

摘自《阿德勒的回憶》（創元社）

1

人就是一種懷有自卑感的存在。

阿德勒說：「我們每個人都懷有某種程度的自卑感。*1」

「人就是一種懷有自卑感的存在。*2」甚至如此斷言。

阿德勒之所以如此斷言，有其理由。

因為有個明確的心理機制促使我們萌生自卑感，而這理論適用於任何人。阿德勒提出任誰都懷有自卑感的兩個理由。

其一，「幼少時期的印記」所引起的。相較於年幼無助的孩子，大人有力量多了。因此，孩子面對大人時，總是有著一股無力感；不知不覺間，內心便產生了自卑感，這是第一個理由。

其二，「任誰都懷抱著比現況更高的目標」所引起的。我們懷抱的理想總是超越現況，也就是「由下而上，由敗北朝勝利邁進」，沒有人會懷著不如現況的理想。因此，我們的理想總是尚未達成，總是被理想驅趕似地焦慮不安，這是之所以萌生自卑感的第二個理由。

相反的，我們就算達到目標，也一定會給自己訂立「更高的目標」，所以就心理結構來說，這種自卑感沒有盡頭，永遠都覺得自卑。

其實任誰都懷有自卑感。

＊1《人生意義的心理學（上）》（台譯：《自卑與超越》不分冊）阿爾弗雷德．阿德勒 著／岸見一郎 譯（Arte）P.66

＊2《追求生存的意義》阿爾弗雷德．阿德勒 著／岸見一郎 譯（Arte）P.79

「自卑性」與「自卑感」不一樣，
「自卑性」是客觀的事實。
「自卑感」是主觀的認定、陷阱的領域[*1]。

2

阿德勒心理學中，明確區分自卑性與自卑感。

所謂自卑性，是指「有弱點」的一種「客觀事實」，也就是將造成生活不便的身體缺陷[2]，稱為「器官自卑性」。

相較於此，自卑感則是「有弱點」的一種「主觀認定」。因此，依情況而定，就算沒有自卑性這種客觀事實，只要覺得自卑，就會萌生「自卑感」，所以這種主觀認定不見得完全符合事實。

好比某位學生的成績排名是百人中的第二名，一般來說，算是十分出色的成績，但要是當事人主觀認定：「我不是第一名，覺得自己好遜啊……」，這就是一種優越的「自卑感」，而且這種情形屢見不鮮。

強烈自卑感是所有問題的根源，這不是客觀事實，而是主觀認定。其實只要改變思維與觀點，隨時都能減輕自卑感，毋須追溯過往，改變成長環境。總之，只要改變對於主觀認定的認知，便能消弭自卑感。

改變對於主觀認定的認知，便能減輕自卑感。

＊1《人生意義的心理學（上）》P.8
＊2《阿德勒心理學教科書》野田俊作監修（Humanguild 出版部）P.57

「你覺得自卑嗎？」我問。
「不，剛好相反。」對方回答。
當你隱瞞周遭人的同時，連自己也沒有察覺。

3

阿德勒認為：「任誰都懷有自卑感」的同時，也會「隱藏自卑感*1」。

「就算被別人詢問是否覺得自卑，也會否定。*2」阿德勒這麼強調。

不僅如此，阿德勒還認為：「甚至有人這麼回答：『剛好相反，我覺得自己比周遭人都優秀』。」

那麼，為何人們會拚命隱藏自卑感？

阿德勒如此解讀：

「自卑感被視為示弱、羞恥之事，因此人們拚命隱藏自卑感是很理所當然的事。事實上，有時候這種拚命隱藏的努力非常強大，強大到當事人絲毫沒有察覺內心懷有自卑感。*3」

這是很危險的徵兆，不但無視隱藏在內心深處的自卑感，還拚命掩蓋。然後做些感受不到自卑感的言行舉止，試圖自我欺瞞。

這實在稱不上是健全的身心狀態。因此，我們應該接受自卑感，而不是隱藏自卑感，甚至應該要活用自卑感，才稱得上是心態健全吧。

大方認同自卑感，而不是拚命隱藏自卑感。

＊1＊3《人為何會罹患身心症？》阿爾弗雷德．阿德勒 著／岸見一郎 譯（春秋社）P.7
＊2《人生意義的心理學（上）》P.64

人無法忍受自己一直懷有自卑感。
於是，為了消除自卑感。
不斷訂立目標，鞭策自己。

4

任誰都懷有自卑感，但懷有自卑感是一件痛苦的事。於是，人為了逃離這種痛苦，便設定目標、進而行動。

譬如，因為成績不好而懷有自卑感的學生，給自己訂立「這次考試要拿高分」的目標，驅使自己努力讀書以彌補不足。阿德勒將這種為了彌補不足而做的行為，稱為「自卑感的補償」；另一方面，將設定目標的行為稱為「追求優越性」。這裡所說的「優越性」，不只是「與別人比較」的相對性優越，而是以自己為主體「想達到某種狀態」的絕對性，也就是實現「目標」的優越性。

而且，阿德勒認為追求優越性沒有盡頭，人達成目標時，只會有鬆了一口氣的感覺；但這種安心感只是一時的反應，任誰都會設定更高的目標，鞭策自己「更好」。

由此可見，自卑感並非絕對不好，也是促使自己進步的一股動力。另一方面，從不斷驅使自己「朝更高遠的目標邁進」一事可知，人容易一不小心就努力過頭。

將自卑感轉換成設定目標與行動的一股動力。

5

自卑感是成功的基石，也是所有問題的根源。

自卑感是一把利劍，依使用的方式，有利也有弊，所以自卑感並非絕對的惡，要利用它促使自己變好，還是使壞，端視個人而定。

倘若我們將自卑感用於無益處的一面，便會引發許多問題，好比人際關係的摩擦與孤獨，拖延人生要面對的課題，甚至引發犯罪、身心病、逃避問題等，肯定會帶來一連串人生的困難；換句話說，就是「自卑感引發的問題成了起點，也是終點*1」。

換個角度來看也是如此。倘若我們將自卑感視為夥伴，再也沒有比這更強力的引擎，不是嗎？我們為了補償自卑感，設定「優越性」這個目標並且不斷追求，相信自己努力不懈便能朝成功邁進。阿德勒認為像這樣找到活用自卑感的方法，堪稱是「（阿德勒）心理學最重要的發現*2」。

我們能做的不是消除自卑感，也不是隱藏自卑感，而是認同自卑感，並活用它。

活用自卑感這個強力引擎吧！

＊1《個體心理學講義》阿爾弗雷德 · 阿德勒 著／岸見一郎 譯（Arte）P.166
＊2《人為何會罹患身心症？》P.8

文明、文化、科學、藝術。
所謂人類的歷史，
換句話說，就是自卑感與克服自卑感的歷史。

6

相較於老虎和老鷹，阿德勒說：「由於人類沒有爪子和利牙，因此無法獨活。*1」人類懷有自卑感，常會緊張，努力為將來打拚。文明、文化、科學、藝術也因此進步，足見人類的進步都是拜自卑感所賜。

這樣的進步也造福我們的生活，好比為了躲雨和避暑，人類發明了屋頂和房子；為了保暖，發明了衣服；為了通行方便，建設道路，甚至結集眾人，創立組織，制訂法律與規則，打造制度，建立秩序等，一切都是因為人類比其他動物軟弱，因自卑感而帶來的恩惠。

此外，阿德勒也舉了懷有器官自卑性（身障者）的偉人為例，說明因為身體的不自由而萌生的自卑感，反而促使他們擁有偉大的成就，像是貝多芬、史梅塔納（Bed ich Smetana）、德弗札克、米爾頓（John Milton）、荷馬等。

「自卑性非但不是疾病，反而是一種健康、正常的努力，以及成長的刺激*2」，「驅動人類歷史的，可說是自卑感與嘗試解決的歷史*3」。

將自卑感轉換成彈簧，促使科學、藝術等領域開花結果吧！

＊1《個體心理學講義》P.29
＊2 同前書 P.45
＊3《追求生存的意義》P.80

自卑感過於強烈，
就會促使自己追求更強大的優越性。
結果就是產生自卑情結。

如同前述，自卑感與它的補償，也就是追求優越性，其本身並非疾病，而是促使成功的引擎，可說是一種積極元素。

然而，有時也會產生消極作用，促使自卑感用於無益處的一面，也就是作為藉口，讓自己逃避人生課題，那就是「優越的自卑情結」以及「自卑情結」。

那麼，什麼時候會陷入這種自卑情結呢？阿德勒從好幾個角度來說明這項機制，其中之一就是當人們「過度」追求優越性時。

人的自卑感一旦過於強烈，就會對於未來深感惶恐不安，「以往曾苦嘗失敗，遭遇莫大挫折，這次肯定也是可怕的考驗在等著我」，於是，由於過度恐懼未來，為了不受傷而著手準備。也就是放大自己的強項與弱點，放棄去挑戰其實可以克服的課題，而選擇逃避；阿德勒以「病態」解釋這樣的自卑情結。

自卑感與追求優越性應當適度，避免「過猶不及」。

自卑感與追求優越性應當適度。

倘若為了逃避自卑情結，而不想努力的話，
是會被原諒的。
但這麼做，只是不入流的戲法，只是矇騙自己與他
人罷了。

8

所謂自卑情結，就是以自卑感為藉口，逃離人生的課題。有時人們會運用優越自卑情結，佯裝強大，矇騙自己與別人。事實上，因為沒有做任何努力，所以根本不可能強大，只是做做表面功夫，不試著努力，也不解決問題；而且每個人利用自卑情結的手法並不一樣，有些人是在人生的課題前止步，有些人則是以做不到為由，用自己的弱點、無力作為擋箭牌，期待別人的援助，免除自己要面對的課題，等待別人的同情。

這兩種人都是以自卑感為藉口，逃避自己應該面對的課題罷了。只想著不必努力，便能得到什麼，但這世界可沒這麼好混。乍見之下，一切都做得很好，其實無論是課題還是自卑感，一樣都沒克服，充其量只是耍弄「不入流的戲法*1」，就像從禮帽取出一疊紙鈔。當然，變魔術用的紙鈔不可能讓你變得富有，所以「再怎麼欺騙自己，還是無法消除你（妳）心中的自卑感*2」。

一味逃避自卑情結，無法解決任何事。唯有不再以自卑感為藉口，認真面對人生的課題，才能開始改變自我。

別再逃避自卑情結，認真面對人生的課題吧！

＊1《性格的心理學》阿爾弗雷德．阿德勒 著／岸見一郎 譯（Arte）P.60

＊2《人生意義的心理學（上）》P.67

你要別人忍受你的自豪、驕傲，
還是要別人承受你的病弱與膽怯。
要選擇哪一種，端視自己小時候的成功體驗。

倘若在人生有益處的一面，設定優越性目標，就不會逃避人生課題，而是努力面對，成為有益於社會的人，收穫成功的果實。

相反的，也有人在人生無益處的一面，設定優越性目標，也就是陷入「以自豪驕傲來支配別人」的優越自卑情結，或是「以說些喪氣話來支配別人」的自卑情結。

阿德勒認為優越中隱藏著自卑（也或許是自卑中隱藏著優越），兩者可說如出一轍，要選擇哪一方，端視「自己所受的教育」；也就是說，在反覆嘗試錯誤中，「選擇自己覺得最有效的方法」。例如，因為體驗到小時候生病時，不必做任何努力便能受到呵護，所以認為「生病有好處」，於是長大後也依樣畫葫蘆。

阿德勒嚴詞批判這種心態：「這種人無論身處什麼情況，目的都一樣。也就是說，他什麼都沒做，便能改善狀況，得到優越感。*1」

「優越性目標屬於一種個人意志，也是（中略）自己創作出來的奇妙旋律。*2」無論對於人生是否有益處，就是如此選擇。

有自豪驕傲的路，也有說盡喪氣話的路，這兩條路都沒有任何益處，還是別走吧！

＊1《人生意義的心理學（上）》P.69
＊2 同前書 P.73

有勇氣的人，會努力克服險峻之路。

沒有勇氣的人，因為不想努力，所以只想挑輕鬆的路走。

結果等在路的彼端是悽慘的未來。

10

如同前述，我們明白了「是要選擇自豪驕傲的優越自卑情結，還是選擇以弱點當作擋箭牌的自卑情結，端視自己所受的教育。」但是你應該會覺得這兩種都不是自己要的選項，為什麼呢？因為無論是選哪一種，人生只會朝著無益處的方向前行，應該沒有人希望自己變得不幸吧！

那麼，選擇對於人生毫無益處的自卑情結，以及選擇對於人生有益處的人，有何不同呢？

阿德勒斷言兩者的差異在於「勇氣」，「失去勇氣與自信的人，人生的目標會從有益處轉向無益處*1」。

所謂勇氣，就是覺得自己「對於他人有所貢獻的能力」以及「具有被他人需要的價值」。然後，因為這兩種感覺得到滿足，從而產生「克服困難的活力」。一個人擁有勇氣，就算遇到再怎麼艱險的困難都能選擇對人生有益處的道路；相反地，失去勇氣的人由於恐懼受到更大傷害，放棄了努力，耍些矇騙自己的戲法，選擇只有「虛偽成功」的自卑情結之路。

有益處與無益處的最大分歧點，取決於你是否擁有「勇氣」。

以「勇氣」填滿自己的心，選擇一條有益處的路前進吧！

＊1《人為何會罹患身心症？》P.26

再也沒有比溺愛孩子，還更有害無益的事。
因為父母將孩子視為寄生蟲。
明明孩子什麼都沒做，卻要求得到別人的讚賞，
這樣的孩子只會被別人嫌惡。

11

之所以選擇兩種自卑情結，是因為缺乏勇氣。孩子由於被父母師長折損勇氣，認為「自己沒有能力貢獻什麼，沒有存在價值」，於是墮入依賴他人解決課題的自卑情結之道。

阿德勒認為折損勇氣的原因之一，就是父母師長「過於溺愛」孩子。「被寵壞的孩子成了覺得自己沒有能力貢獻的寄生蟲*1」、「再也沒有比溺愛孩子一事的結果更可怕了*2」、「被寵壞的孩子只會變成別人眼中的討厭鬼*3」。

被寵壞的孩子在沒有累積靠自己解決課題的經驗下，就這樣長大成人，反正遇到任何麻煩事都有父母代為解決，也就無法靠自己解決問題；而且明明什麼都沒做，還能一直受到父母的讚美與關注，久而久之也就把一切視為理所當然。

問題是，步入社會後，沒有人會寵愛這樣的孩子，以致於他們無所適從，還會心生怨恨：「為什麼沒有人肯幫我？」結果就是被周遭人嫌惡，應驗了「再也沒有比溺愛孩子，還更有害無益的事」這句話。

千萬不要溺愛孩子，幫助他們靠自己解決問題。

*1《追求生存的意義》P.97
*2 同前書 P.127
*3《個體心理學講義》P.19

大部分人無法以言語表達優越的目標。

可以的話，也會以從事比父母更優秀的職業為目標，

而拚命努力吧！

如果父親是警官，孩子就會以成為法官為目標；倘若母親是護士，孩子就會以成為醫師為目標。

12

無論是誰都有個「想成為什麼」的優越目標，或許可說是一種理想。然而，大部分的人卻很難具體說明這個目標，因為連自己也不清楚。也許在諮商心理師的幫助下，可以化為言語；但獨自思考的話，就算再怎麼努力，也很難具體清楚地說出自己想以從事哪一種職業為目標吧。

一個人在訂立職業目標時，必須藉助外力。大部分情形是孩子以父母的職業為「出發點」來訂立目標，也就是以「超越」父母的方法描繪自己的優越目標。例如，父親要是警官的話，孩子會以成為法官、律師為目標；母親是小學老師的話，孩子就會以成為大學教授為目標。

此外，阿德勒認為也有不少人訂立的是「違逆父母期望」的目標；好比父母是保守公務員的孩子，就會以成為創投家和藝術家為目標，這也是想要超越父母的一種另類想法。人們很難獨自準確地描繪自己的目標，因此父母是重要的引領者。畢竟目標與理想只能模糊地描繪，很難清楚地化為言語。

確立自己的優越目標吧！至少要能說出自己想從事什麼樣的職業。

第二章

不是「努力看起來很強」，
而是「努力變得很強」。
——關於「優越自卑情結」

阿德勒正要落坐沙發，開口說話時，
有位俊俏年輕人，一副不可一世般地走過來。

「我知道兩位紳士（作者注：阿德勒與雷克斯·奈德）是心理學家，但是我想兩位不可能猜對我是個什麼樣的人。」
（中略）
阿德勒抬眼凝視年輕人。
（中略）
「你是個非常驕傲自負的人呢！」
「驕傲自負！」年輕人詫異不已。
「為什麼您覺得我驕傲自負呢？」

阿德勒簡單回道：
「你走過來問坐在沙發上的兩位不認識的紳士，覺得你是個什麼樣的人，這還不夠驕傲自負嗎？」

摘自《阿德勒的生涯》（金子書房）

所謂優越自卑情結，就是為了掩飾自卑感，
讓自己「看起來」很強、很偉大、不可一世。
其實明明很矮，只是踮起腳尖，假裝自己很高的樣子。

所謂優越自卑情結，就是「明明不怎麼優秀，卻假裝很優秀*1」的意思。阿德勒以「矮個子的人（中略）踮著腳尖走路*2」來譬喻。

具有優越自卑情結的人，非但沒有將自己擁有的能量傾注在應該傾注的地方，甚至傾注在錯誤的地方；也就是說，不是努力「成為」偉大、強大、優秀的人，而是將能量傾注在「看起來很強*3」這回事。

因為沒有做任何努力，可想而知，就算經歷再長時間，也不可能變成優秀的人，而且強烈的自卑感也會永遠如影隨形。

不僅如此，這種矇騙會全方位侵蝕你的精神。由於過於在意別人的目光與評價，迫使自己一直處於高度緊張狀態，行為舉止變得不自然；也因為矇騙奪去了你的能量，迫使你疲憊不堪，無力解決原本應該面對的課題；甚至總是說些逞強的話，總是想著如何才能贏得別人的評價，結果被周遭人嫌惡，不斷與人發生衝突。優越自卑情結產生的自我蒙蔽可說毫無益處，唯有正面迎戰，解決應該面對的課題，才是你真正要走的路。

放棄假裝讓自己看起來很強，一味追求評價的優越自卑情結吧！

＊1《個體心理學講義》P.45
＊2《人生意義的心理學（上）》P.65
＊3《性格的心理學》P.44

14

「我可是認識名人呢！」、「這車子不錯吧！」、「我的工作很讚吧！」會這麼說的人，其實骨子裡沒什麼自信。之所以這麼誇口，只是為了拚命隱藏內心恐懼的吶喊。

你的周遭是否有這樣的人呢？

「以認識名人朋友為傲」、「誇耀自己的家世」、「誇耀自己有錢、有土地，出入都是高級車代步」、「誇示自己的課業成績很優秀」、「毫不客氣地一屁股坐在主位」、「一副不可一世的樣子」、「理所當然要求別人給予特別待遇」……諸如此類。其實這些都是驕傲、傲慢、自負、優越自卑情結的典型症狀；換句話說，就是「不知羞恥」，可以說是不懂得「謹慎」、「謙虛」之道。

當他們表現出這些行為時，其實心裡在吶喊：

「他們就是看不起我，所以一定要讓他們知道我可不是泛泛之輩*1」、「我要是不強調一下，可是會被人看輕啊！」等。

這分明是為了掩飾強烈自卑感而做的一種可悲行為。然而，他們（她們）卻毫無自覺，因為自我蒙蔽促使他們覺得自己很了不起。

由於沒自信，才會毫不羞恥地誇耀自我；害怕要是不這麼做，會被別人瞧不起。歸根究柢，就是他們在心裡恐懼地吶喊：「其實我很無力，沒有人喜歡這樣的我。」

審視自我吧！自己是否過於驕傲、傲慢、自負、蠻橫呢？

＊1《人生意義的心理學（下）》P.65

一身華麗衣裳、奇特的髮型、顯眼的精品名牌，
故意放聲大笑、故意痛哭、移開視線、從旁插嘴……。
這些都是強烈自卑感引發的行為。

阿德勒認為：「懷有自卑感的人，不會是那種看起來很乖順、安靜、拘謹、不顯眼的人，因為他們會用無數方式表現自卑感。*1」他列舉以下好幾種類型。

好比「一身華麗衣裳」、「跟不上潮流的服裝」、「髒兮兮的衣服」、「沒禮貌」、「態度輕佻」、「崇拜英雄」、「對於個頭矮小、弱勢者、生病的人，總是頤指氣使」、「瞧不起別人」、「喜歡批評別人」、「總是嚷著不公平」、「故意放聲大笑」、「為毫無價值可言的機會沾沾自喜」、「容易流於感情用事」、「將別人的話當耳邊風」、「移開視線」、「三句話不離自己的主張」、「強調自己的特殊之處」、「標新立異到造成別人的困擾」、「刻意為難別人」、「喜歡裝腔作勢、附庸風雅」、「不顧危險的愚勇」等。

這些行為的共通點，就是「為了引人注目，為了讓自己更顯眼，試圖做些奇怪行為」的態度，這就是優越自卑情結，也是引發所有問題的元凶。

無論是誰，總會符合一、兩種這樣的態度，但是別擔心，不會因為「有過一次經驗就表示自己懷有自卑感」，因為「經常性」、「是否一再反覆」才是判斷的基準，不妨藉以審視自我。

不妨審視自己是否經常出現這些態度。

＊1《人生意義的心理學（上）》P.65

藉由陷害對方，讓自己不必努力便贏得「勝利」。
將別人的不幸視為甜甜的蜂蜜，誹謗、告狀、揭露
別人的秘密……。
這些卑劣的策略，就稱為「價值貶低傾向」。

16

所謂「價值貶低傾向[*1]」，不是提升自己，而是藉由貶低對方，讓自己成為勝者。好比說對方的壞話、揭露別人的秘密等，也就是懷有惡意，企圖貶低對方的品格。基本上，這種行為常出現於幼少時期，像是為了爭奪父母的關愛，向雙親告狀兄弟姊妹的不是，而且這種要心機的行為屢試不爽。於是，嘗過這種甜頭的人，長大後依舊如法炮製。

價值貶低傾向就是藉由陷害、蔑視對方，讓自己不必付出任何努力，便能贏得勝利，也是一種既卑怯又醜陋的行為。阿德勒認為：「這傾向就是罹患身心症[*2]」，身心症雖然不似精神疾病那麼嚴重，卻對日常生活產生了某種障礙與痛苦；一旦這種症狀惡化，就會成了精神疾病，甚至出現犯罪等反社會行為。

可想而知，具有類似精神疾病的「價值貶低傾向」之人，其末路有多麼悲慘。有句俗話說：「將別人的不幸視為甜甜的蜂蜜。」倘若自己有此傾向，就必須及早認清這種行為的後果有多麼可怕。

可想而知，「將別人的不幸視為甜甜的蜂蜜」的人生末路有多麼悲慘。

＊1《性格的心理學》P.49
＊2《人為何會罹患身心症？》P.111

面對政治、經濟、社會、商業等議題，
總是以犀利的觀點，嚴詞批判，擺出咄咄逼人的「評論家」態度。
這樣的他們或是她們，不久就會落得一位知心朋友都沒有的下場。

17

你身處的職場應該也有一、兩位這種「評論家」吧。總是直指別人的缺點，嚴詞批判，這就是他（她）們的特徵。

他們批評上司、老闆，批判政治與經濟，不留情面的批評朋友與別人的缺點；而且這樣的人，大多是頭腦清晰，批判起來也非常狠準。

可惜他們總是只會「逞口舌之快」，根本毫無作為。「他（她）們對於周遭的人沒有任何貢獻，卻總是以法官自居*1」，這樣的態度當然不可能贏得別人的尊敬。

既然指出問題點，就應該主動尋求解決之道。「倘若有什麼不滿，就先改變自己；若是不想改變，那就順從吧！」這是我很喜歡的一句話。

其實評論家對於如何解決政治、經濟、社會等問題，並沒有太大興趣；他（她）們在意的是如何「證明」自己多麼優秀，利用政治、經濟、社會等議題來炒作自己罷了。被利用、遭批判的一方當然無法忍受，這些自詡是個評論家的傢伙也就成了別人眼中的討厭鬼，落得「沒有真正知心朋友*2」的下場。

比起快狠準的批判，不如務實行動。

＊1《性格的心理學》P.26
＊2 同前書 P.101

無法融入團體而被孤立的人，
最常用的藉口就是：「我和別人不一樣，我是個與
眾不同的人。」
其實這種人很怕跟別人分享喜悅，也做不到。

18

有些人總是無法融入團體，總是孤單一人。那麼，為什麼他們要選擇成為孤單的一方呢？

人們的所有行為不是追求優越性，就是迴避自卑；之所以成為孤單一人的理由之一，就是「害怕受到傷害」。打進圈子這件事，意味著人際關係有可能面臨失敗的考驗，亦即可能一帆風順，也可能迫使自己遍體鱗傷。自卑感強的人，因為內心被恐懼失敗的陰影占據，促使自己選擇遠離團體，總覺得與其受傷，不如一個人落得輕鬆自在。

此外，有人認為孤立一事顯示自己是個「特別」、「高尚」又「有品味」的人，不想與「俗氣之人歸為一類」。阿德勒將此稱為「孤獨與自我陶醉＊1」，也就是人與人之間一種疏離的情感。

喜怒哀樂不形於色的人，和彷彿戴著能劇面具、總是面無表情的人無異。他們不想因為表露情感而受到傷害，所以選擇隱藏情感，而且藉由隱藏情感表現「特別」、「高尚」又「有品味」的自己。

擁有鼓勵孤立的自己，融入團體的勇氣。

＊1《人生意義的心理學（下）》P.25

總是「誇大其辭」之人說的話，最好存疑。
總是和藹可親、禮貌周到、溫柔、慷慨大方的人，
或許是個偽善者。

19

親切的人、溫柔的人、禮貌周到的人、有情有義之人、慷慨大方的人……，阿德勒認為還是「別太相信這種人」。

搞不好這種人的好，是「裝出來的」，充其量只是個偽善者。好比他們表面上是在扶弱濟貧，搞不好只是為了滿足自己的虛榮心，感覺自己高人一等。當然，也有出於真心行善的人，想要清楚辨別還真不是件容易的事……。

我認為運用心理學的理論時，有一件事必須注意，那就是最好只用於心理諮商等從旁協助了解的情形，避免妄自分析、評論。

最有效的活用方法就是用於分析自我吧。了解自我，才能自我警惕，這就是阿德勒心理學的精髓。

因此，「我真的是出於真心而行善嗎？」像這樣的自問自答最有效。一旦發現自己的言行舉止有著要求別人讚賞的利己心態，就必須自我警惕，因為這種心態就是迫使自己不幸的優越自卑情結。

做好事時，不妨審視自我：「是否存在著要求別人讚賞的利己心態？」

「我是如此不幸、如此悽慘。」
「我很羞愧地宣告自己徹底失敗。」
別被這種人騙了。他其實是在炫耀自己的不幸與失敗。

20

人們會利用任何東西來強調自己的優越性。對於某些人來說，即便是不幸、衰事，也能成為他們炫耀自己的素材。

「接二連三的衰運找上我！」

「為什麼只有我會遇到這麼悽慘的事?!」

他們一面怨嘆，一面將自己拱成悲劇英雄，覺得自己比那些過著平凡日子的人們優越許多。

甚至還會拿切身的不幸來炫耀，好比「我忙到都沒時間休息」、「照顧一家大小真的很累」、「我有個很任性又難侍候的朋友」諸如之類。

當然，「失敗」有時也能拿來證明自己很優越。「失敗也是一種炫耀自我的方式[*1]」換句話說，這也是一種優越自卑情結的表現，「我這麼正直！敢說出別人不敢啟齒的事，我是如此清高的人。」因為內心這麼認為。

衰運、不幸、失敗，乍看之下都是很負面的事，然而善用優越自卑情結的人，能將這些負面之事轉變成優越感。

審視自己是否炫耀自身的不幸與失敗。

＊1《性格的心理學》P.124

「我看得見靈」、「我能夠預言未來」、「我感受得到波動」。
強調自己擁有特殊能力的人，
充其量只是想逃避現實、逃避挫敗感與自卑感。

21

「我看得見別人看不見的靈，我的第六感特別強。」

之所以會這麼說，就是想讓周遭人對他刮目相看，凸顯自己很特別，這也是一種優越自卑情結。搞不好說這話的人很認真，一點也不覺得自己在說謊，為什麼呢？因為真的「有這樣的體驗」，才會這麼說，有個稱為體驗與記憶的證據「存在於某處」。

然而，阿德勒認為：「記憶可以隨意捏造」，也就是依循自己相信的故事，無意識地擷取自己相信的體驗，補強屬於自己的故事，這在心理學上稱為「認知偏差」，亦即先有結論，再捏造理由。

阿德勒學派最常舉以下例子來說明，某個新興宗教團體的領袖預言：「下個月將發生大地震，導致世界末日。」結果卻什麼也沒發生。縱使世人都嘲笑這位領袖是偽善者，信徒卻更加崇敬他們的精神領袖，因為他們相信一切如同教祖所言：「我以祈願之力，阻止這場災害發生！」

稱說自己有超能力體驗，相信這種事，也是一種優越自卑情結。

對於別人口中的超能力體驗要有所存疑。

那些只會讓女人哭泣的小白臉、浪蕩子。
靠著誇讚對方是美女，燃燒熱情的男人，以及操控
這種男人的女人。
這些人只是為了性而結婚，只是利用「追求優越性」
這項道具而已。

就連原本能為心情帶來平和的「愛的課題」，也成了懷有自卑情結之人用來追求優越性的道具。

對於這種人來說，異性只是獵物，只是獎杯。因此，他們說服自己「藉由同時交往多位異性（中略），相信自己非常優秀*1」、「挑選能夠征服、讓自己嘗到勝利快感的對象*2」。

這種人婚後的支配欲依舊強烈，他們會使用憤怒、悲傷、不安、嫉妒、焦慮等各種情感，以及疾病、性行為等，操控另一半，以此確認自己的優越。

原本「愛的課題」是建立在彼此有所共識，或是尊重對方的親密關係上；因此，像這樣為了得到以自我為中心的優越性，而利用性與愛的作法是絕對構築不了良善的異性關係。

懷有優越自卑情結的人，無法適應兩個人在一起的生活，縱使勉強在一起也是爭吵不斷，永無寧日。

「愛的課題」是彼此謀求心境平和，而非爭吵不休。

＊1《個體心理學講義》P.160
＊2《性格的心理學》P.101

在父母誇耀、呵護下長大的孩子，
覺得毋須做任何努力，便能受到注目與讚賞。
這樣的教養方式，只會打造出懷有強烈自卑情結的
親子。

時下父母喜歡幫孩子照相、拍攝影片，然後和親朋好友一起觀賞。雖然這是非常尋常的一幕生活光景，但一旦做得過火，就會招來危險。

父母過度誇耀自己的孩子，說穿了，就是虛榮心作祟，也就是所謂的優越自卑情結。更令人恐懼的是，這般心態無疑是在毒殺孩子。

因為習慣得到父母讚賞的孩子就像中毒似地，不停渴求別人的讚賞。明明沒有任何貢獻，卻渴求別人的讚賞；明明沒有真心努力過，卻一心想讓自己看起來很強，這就是強烈的優越自卑情結。父母為了誇示自己有多麼優越，利用自己的孩子，結果就是促使孩子墜入和父母一樣的陷阱。

不只孩子，父母以及單身者也是如此，好比在社群平台上發文，就是追求優越性。為了彰顯自己的存在，所以在社群平台上發文、貼圖。自詡清高、以結交名人朋友為傲、以滿足眼前的生活為傲、以朋友眾多為傲、自詡工作能力高人一等、自詡擁有敏銳的批判力、自詡能者多勞、以誇示自己的不幸為傲……等等，過度誇耀自己的種種，只是凸顯自己的自卑情結。

千萬別在社群平台上，過度「誇耀」自我。

這世上沒有毫無虛榮心的人，
只是大家都覺得不好意思，而刻意隱藏。
只是試圖以「野心」正當化虛榮心罷了。

24

阿德勒說：「沒有人能從虛榮心得到自由。*1」而且因為虛榮心給人不好的印象，所以阿德勒認為：「大抵都會隱藏得很好。*2」

隱藏方法有千百種，像是刻意彰顯自己的思慮縝密與謙虛，或是故意裝作不聰敏、漫不經心；總之，有別於一般人對於虛榮心強之人的印象。

此外，不只設法隱藏，還會試圖用別的詞彙正當化虛榮心。

像是「這不是虛榮心，只是野心比較大而已。」但是阿德勒否定這樣的說法，他認為「野心就是虛榮心。」

過於強烈的野心會轉化成虛榮心，阿德勒有此批評：「訓練孩子懷有野心，根本是毫無意義的事。訓練孩子要有勇氣、要有耐力、要有自信，要有就算失敗也不會失去勇氣的決心，教導他們學習思考為自己訂立新課題，才是最重要的事。*3」

過度強烈的虛榮心會轉變成優越自卑情結，過於強大的野心也是如此。

阿德勒認為讚美孩子的野心，促使孩子具有野心，都是不必要的教育方式。同時，也攸關後面會提及的「培養共同體感覺的重要性」。

試著將任誰都會有的虛榮心與野心，轉換成共同體感覺。

＊1《性格的心理學》P.43
＊2 同前書 P.40
＊3《孩子的教育》阿爾弗雷德 · 阿德勒 著／岸見一郎 譯（Arte）P.42

第三章

就算將「弱點」當作武器，也無法改變人生

——關於「自卑情結」

「十幾歲時的我，深為口吃所苦。
為了調查之所以會有口吃的原因，
去了一趟圖書館。
曉得有一位醫師是這方面的專家，
他就是阿爾弗雷德・阿德勒。
（中略）

阿德勒說：
「西多尼，其實絕大部分的人都會口吃。
好了，別太在意口吃這件事。
口吃又何妨呢，如此看待不是更好？
口吃只是你面對人生各種事的一種藉口，
確認什麼是在自己不口吃的狀態下，也能表達的事吧。」

摘自《阿德勒的回憶》（創元社）

所謂自卑情結，
就是以弱點為藉口，逃避應該面對的事。
自卑情結是一種人生的謊言，一種外在的因果律。

25

所謂自卑情結，就是：「因為強烈的自卑感作祟，總覺得『不想再失敗下去了。不想再被傷害了。』於是拚命給自己找藉口，逃避自己應該要面對的課題。」阿德勒將「頻繁使用『因為A，所以無法B』的理論」稱為自卑情結；而且舉凡遺傳、才華、過往體驗、精神疾病等，都可以作為A，斷言「這就是外在的因果律*1」。

蒐羅「因為來自父母的遺傳」、「因為沒有才華」、「因為過往的失敗」、「因為生病」等，各種「外在」的「藉口」，並以此為理由，逃避人生的困難課題。阿德勒認為人生的三大課題，就是「工作的課題」、「交友的課題」、「愛的課題」。「因為失敗過，所以這次肯定會失敗」、「因為父母都是怕生的人，所以我從小就不善交際」、「因為父母離婚，所以我不嚮往婚姻生活」等，是典型的自卑情結症狀、「外在的因果律」。

我們的確可以利用自卑情結，暫時逃離眼前的課題；然而，逃得了一時，逃不了一世，因為課題並不會消失。邁向幸福的路只有一條，那就是不要逃避，面對課題。

別為自己找逃避的藉口，拋開「自卑情結」。

＊1《個體心理學的技巧（I）》阿爾弗雷德．阿德勒 著／岸見一郎 譯（Arte）P.50

總是將「Yes, But…」，
也就是「好，可是」掛嘴邊，
這就是一種自卑情結的警訊。

26

「好，我試試看。但因為我沒做過，所以不曉得能不能成功……」

「好，我明白了。但因為沒什麼時間，可能沒辦法……」

「好，我挑戰看看，但因為我沒什麼耐心，可能撐不到最後……」

阿德勒認為總是將「Yes, But」掛嘴邊，就是一種「自卑情結」。如同前述，自卑情結是以遺傳、才華、體驗、疾病等作為藉口，逃避挑戰一事；這種典型的欺瞞手段，就濃縮在這句「Yes, But」裡。

當然，也不是所有的「Yes, But」都是自卑情結，但是「頻繁使用」，且用於「逃避課題」時，就成了自卑情結。說「Yes, But」的次數少，或是就算說了「Yes, But」，也會勇於挑戰課題，這就不是自卑情結，而是付諸行動，才能邁向幸福人生。

「Yes, But」好比石蕊試紙，當自己一旦說出口時，就會「馬上察覺」、檢視自我，未嘗不是一件好事。

將「Yes, But」作為石蕊試紙，檢視自我吧！

「如果當初選Ａ的話，就會是Ｂ了」這是人生的謊言。

其實順序相反。

應該是「為了逃避因為Ｂ的失敗，而創造出Ａ」。

別讓自己說出「因為A，所以無法B」這個藉口。

「如果沒有生病的話（倘若身體健康的話），就能努力工作……」

阿德勒認為這是「人生的謊言，也是虛構*1」，其實心裡這麼想：「因為我不想失敗，因此以生病作為藉口。」所以根本不是「因為A，所以無法B」，其實是不想挑戰B，不想失敗，所以打造出A這個「外在的因果律」。

「如果我能馬上治好你的話，你想做什麼？*2」阿德勒常常這麼問患者。對方不外乎回答：「想工作」、「想結婚」、「想獨立」。於是，阿德勒指出要點：「就是這個，不做這個就是你的目的。」亦即「你因為不想嘗到『工作』、『結婚』、『獨立』失敗的苦頭，而打造出『疾病』這個藉口，逃避挑戰和失敗這件事。」

這樣的「外在因果律」、「人生的謊言」，除了疾病以外，還有像是「因為沒錢」、「因為沒時間」、「因為沒才華」、「因為沒經驗」等。

創立阪急東寶集團的小林一三先生曾說：

「說自己因為沒錢而無法做什麼的人，就算有錢也不會做。」

＊1《個體心理學講義》P.41
＊2《人為何會罹患身心症？》P.90

「尋覓不到理想的結婚對象。」
會這麼說的人，其實不想結婚。
因為無法準備和別人共度人生。

28

「可以確信那些一直在尋覓理想的結婚對象，卻始終找不到他或她的人（中略），正為猶豫的態度所苦，因為他們遲遲不想前進。*1」阿德勒認為這些人不是尋覓不到理想的另一半，而是恐懼失敗。

現代人愈來愈晚婚，不婚主義者也有增加趨勢，沒有戀愛對象的人同樣也在增加中。換言之，逃避阿德勒心理學定義的「愛的課題」的人愈來愈多。

「雖然想結婚，卻結不了婚。」許多人如此喟嘆。因為他們只追求婚姻生活美好的一面，而放棄伴隨而來的義務。結婚就是和成長背景、經歷與自己完全不同的陌生人一起生活，當然會有必須忍耐、犧牲、妥協的時候，不可能只享受美好的一面。

阿德勒認為：「所有人生課題都與人際關係有關。」結婚亦然，因為婚姻生活是「更親密、強烈的人際關係*2」；也就是說，正因為「愛而結婚」。所以婚姻生活是人生中最困難的人際關係，才會選擇逃避，慎重看待，恐懼失敗。

「我想結婚，卻結不了婚」，要懷疑這麼想的自己，也許是在說謊。

＊1《個體心理學講義》P.155
＊2《人為何會罹患身心症？》P.63

滿腦子只有工作的工作狂，
往往只是想藉由工作，
逃避麻煩的夫妻關係、親子關係以及交友關係。

加班到深夜，休假日還出勤，這樣的工作狂通常會以「因為工作做不完，沒辦法」或是「有太多事要忙」為藉口。阿德勒卻認為這種人只是「想逃避愛的課題與交友的課題」。阿德勒心理學認為人生有三大課題，分別是「工作的課題」、「交友的課題」、「愛的課題」；而且人生愈往前行，人際關係愈濃密，課題也變得愈困難。

一年到頭「忙、忙、忙」的人，只是想躲進最輕鬆的工作課題，藉以逃避交友的課題與愛的課題。因為工作的課題，就算人際關係不順遂，也可以設法打馬虎眼；但是交友的課題與愛的課題卻無法打馬虎眼，因為很容易露餡，所以才會選擇躲進工作。

像這種工作狂最常見的特徵，就是「工作時可以很輕鬆，與人往來時卻緊張不已」。同樣的，這種人與「異性交談時，也會很緊張」。前者是交友的課題，後者是愛的課題。對於工作狂而言，工作是最簡單的課題，交友的課題和愛的課題卻難如登天，因此他們和他人交談時總是很緊張。

工作狂是逃避朋友與異性的生存手段，雖然不會失敗，卻也了無樂趣。

與已婚者搞婚外情的人，往往畏懼婚姻生活。
因為愛上已婚者，就能免於結婚。

30

「因為對方是已婚人士，所以不是不能結婚，而是不想結婚，因此選擇已婚人士為對象。」這是阿德勒心理學的「目的論」。

許多時候，因為不想經歷失敗的婚姻，不想過著不幸的婚姻生活；只想過著現在這般自由自在、輕鬆的單身生活，也不想放棄可以依賴家人的生活，這些就是逃避婚姻的理由。

那麼，逃避結婚一事的最顯著方法為何？是的，就是選擇和已婚者在一起。可想而知，周遭人當然會反對，有時會選擇結婚難度很高的對象的原因正是如此。例如，和遠比自己年長許多的人，或是與社會格格不入的犯罪者，因為不想結婚，因為不想苦嘗失敗的婚姻，所以故意選擇和這樣的人在一起。

這也是一種自卑情結，因為A，所以無法B，其實是自己創造了A，藉以逃避因為B而失敗，而且當事人往往未察覺這是自欺行為。

倘若真的想結婚，就找個能夠結婚的合適對象。

失眠的人總是會說：
「要是我晚上睡得著，肯定什麼事都難不倒我！」
失眠成了最佳擋箭牌，逃避挑戰的藉口。

「因為A，所以無法B。」懷有自卑情結的人，會無限延伸A與B，好比讓當事者無比痛苦的「失眠」便是一例。我們可以由此看到一個人具有的創造性，但這種創造性無益於人生，只能發揮在缺乏建設性的一面。

當然，不是所有失眠症狀都是阿德勒所說的心因性疾病，有些是因為腦部功能障礙或藥物副作用的關係，有的則是不明原因。然而，不明原因的失眠以心因性居多，深為失眠所苦的患者心中，可能無意識地想：「比起失敗嘗到的苦，失眠所受的苦好過多了。」

阿德勒認為這樣的症狀不限於失眠，像是不明原因的偏頭痛、憂鬱症、廣場恐懼症、潔癖等強迫症、身心症，都有可能出現這種症狀。大部分人都沒有察覺這樣的機制，以致於脫離不了痛苦漩渦。

倘若你深為心因性症狀所苦，也許是因為自卑情結引發的「外在因果律」所致。

察覺失眠的苦痛有時是自己無意識創造出來的。

無論是社長的孩子，還是校長的孩子，
父母社經地位高的孩子，失敗的例子非常多，
這是因為他們自覺「成就不可能高過父母」，所以
選擇放棄。

32

不可否認，孩子深受父母影響。雖然阿德勒心理學否定原因論，提出目的論，但並不能完全否定來自父母的遺傳，以及父母為孩子打造的成長環境等因素的影響。

這些「影響因素」（影響的原因）的確存在，但如何從中選擇生存方式與想法，取決於個人。也就是說，至少決定因素（決定的要因）是由自己決定。

「偉人的孩子不乏失敗之例*[1]」，因為被父母的存在給震懾，總認為自己再怎麼努力也不可能追上父母的成就，所以懷有強烈的自卑感。「明明你的父母那麼優秀，你怎麼會如此平庸呢？」周遭的關注更是助長這種自卑感。

像這樣來自別人的閒言閒語，以及對自我的懷疑，就會促使自卑感愈來愈強烈，墜入自卑情結。於是，不是選擇虛張聲勢，藉以逃離課題的優越自卑情結，就是給自己找藉口，選擇不努力的自卑情結。由此可見，成功者的孩子不見得幸福。

偉人、名人、成功者的孩子更容易懷有強烈的自卑感。

＊1《人為何會罹患身心症？》P.11

總是杞人憂天的人，
察覺危險的敏感度高得驚人。
他們總是放大危險，
讓警報器大鳴大放，藉以支配他人。

33

悲觀的人並不會比一般人遇到更多危險與衰事，因為他們察覺危險的敏感度比一般人來得高。

「這樣應該沒什麼問題吧。」縱使別人認為如此，他們還是會敏銳地嗅出危險。阿德勒將這樣的情形譬喻如下：

「他（她）們並非總是遭遇不幸，也不是任何事都不順遂，他們的人生就是為了確定自己遇到的事情是否會以失敗收場。*1」

他們不會放著察覺到的危險不管；許多時候，他們往往在告訴全身「有股不安來襲」，一旦危險造訪，警報器就會響起。

於是，不安的身體溫柔對待他們、守護他們、順從他們的要求。阿德勒認為這種人深知如何利用這股不安。

「他們表現得很不安，因為他們知道這是能讓別人順從自己的武器。*2」不少情形是他們從年幼患病時的體驗得知不安這項武器的存在，然後不斷吟味，無意識地反覆操作。阿德勒認為：「這種人往往會引發最教人棘手的教育問題。」

悲觀主義與杞人憂天，很容易引發許多問題。

＊1《性格的心理學》P.123
＊2《個體心理學講義》P.128

一旦生病，便能逃離課題，支配家人。
所以病患很難捨棄如此方便的手段。

34

俗話說：「因病得利」，亦即藉由生病一事，得到利益的意思。

應該不少人都有過因為不想上學或有事，裝病過一、兩次，因此得到父母的關心與同情；於是從這樣的經驗學習到「生病就會有好事發生」，所以不少人長大後無意識地利用生病這件事，試圖嘗到甜頭。

阿德勒認為除了謊稱自己感冒之外，像是憂鬱症、強迫症、廣場恐懼症、偏頭痛以及身心症等，都是經常拿來稱病的藉口；而且本人往往沒有察覺，深為症狀所苦，認真地探究原因，尋求治療。

阿德勒認為：「生病的確很痛苦，但比起解決課題時（無法解決），看不到自我有何價值的苦，寧可選擇生病所受的苦。*1」

因此，很難輕易捨棄如此方便的手段。

審視自己生病是否出於「因病得利」的心態。

＊1《追求生存的意義》P.134

弱點就是強項，

事實上，沒有父母能違背哭泣嬰兒的要求。

「我們的文化就是化弱點為非常強的權力*1。（事實上，自問我們的文化中，誰是最強的，嬰兒應該是最合乎邏輯的答案吧。因為嬰兒能支配別人，卻不受支配）。」

前述的「因病得利」也是所謂的「弱點就是強項」，疾病這項弱點強力支配家人。尤其在現代社會，弱點往往就是強項。

這項悖論同時存在於誇耀強項的優越自卑情結，以及曝露弱點的自卑情結中。阿德勒認為：「優越自卑情結隱藏在自卑情結中，自卑情結中隱藏著優越自卑情結。」乍見是對比，其實弱點就是強項，強項就是弱點。

阿德勒將「眼淚」稱為「水之力*2」，有時是一項凸顯弱點的武器。

阿德勒說：「哭泣的人只是乍看之下懷有自卑情結*3」，就像學會以哭泣支配一切的孩子成了不折不扣的愛哭鬼。甚至罹患憂鬱症，這也是將弱點化為強項的一種。

別再利用弱點使喚別人，彼此冷靜溝通最重要。

＊1《個體心理學講義》P.43
＊2＊3《人生意義的心理學（上）》P.69

不斷換工作、換夥伴、換愛侶，
習慣中途就放棄一段人際關係的人，
其實懷著自卑情結。

36

阿德勒認為不斷換工作、結婚又離婚的人，還有友情總是無法長久的人，「他（她）們往往還沒有經營出什麼有利的結果，便換朋友、愛侶、夥伴、工作。*1」

那麼，為什麼總是半途而廢呢？這是因為他（她）們懷有自卑情結。也就是說，他們被強烈的自卑感支配，畏懼失敗，所以往往半途而廢。

一旦半途而廢，便得不到成功或失敗的結論，亦即無法確定是否失敗便結束。對於懷有自卑情結、畏懼失敗的人而言，這是最有魅力的作法，「要是撐到最後也許就能成功也說不定……」因為可以替自己找到這樣的藉口，或是逃進「可能性領域*2」。

「缺乏持久力」這句話的意思就是「要是沒了力，便無法持續」。將這裡的「力」置換成阿德勒心理學的說法就是「勇氣」；「要是有勇氣，就能持續」、「要是沒了勇氣，便無法持續」，這是自卑情結的典型症狀。

無法持續到最後，總是半途而廢的人，要認清自己懷有自卑情結。

＊1《追求生存的意義》P.125
＊2《人為何會罹患身心症？》P.12

認真的人就算成功，也無法成為英雄。
怠惰者一旦成功，就成了英雄。
怠惰者就算失敗，也會被說：「明明只要肯做，就能成功。」
所以怠惰者怎麼樣都占盡好處。

你在學生時代也有過這種經驗嗎？考試前，被同學問：「你有念書嗎？」你隨口回答：「根本沒念！」也就是「強調自己沒看書這回事」那麼，為何刻意「強調自己沒看書」呢？

因為這麼回答，可以得到雙重益處。

如果考得不錯的話，不管你有沒有好好準備都會得到讚美。

萬一沒有考好，就能歸咎於自己沒看書，這也是沒辦法的事，不會暴露自己無能一事。「明明用功一點，就能考得不錯……」搞不好還能被稱讚有這樣的可能性。

相反的，要是「說自己很認真念書」呢？就算考得不錯，別人也會認為「當然啦！因為有認真準備啊！」由此可見，強調怠惰反而有益處。問題是，一旦養成這樣的習慣，就會陷入自卑情結，常常給自己找藉口，逃避失敗，一再重複無益處的行為。

強調自己沒有認真念書，強調自己很怠惰是一種十分狡猾的心態。

缺乏勇氣的人，
想方設法讓自己看起來很「特別」。
有勇氣的人，
盡量讓自己看起來很「普通」。

——關於「勇氣」

第四章

「我們來到阿德勒博士的辦公室，
我幫兒子脫外套。
阿德勒博士馬上注意到我這個動作，
我這才察覺到一件事，
小法朗克已經長大了，
現在的他可以自己做任何事。

兒子有了自信後，
漸漸地不再那麼內向
我也了解到或許比起兒子，
我要學習的事更多。」

摘自《阿德勒的回憶》（創元社）

勇氣就是，
覺得「自己有能力，有價值」。

38

人生不如意事，十之八九，有時候是因為工作、人際關係、夫妻關係或親子關係；或許可以說，人生就是一連串的困難。當我們遇到困難時，有兩種選擇，一是面對困難，二是逃避困難，後者又稱為優越自卑情結、自卑情結，而且我們已經看過困難的無限種變化。

問題是，選擇用自卑情結來逃避困難，不但無法解決，還會促使自卑感愈來愈膨脹，永遠也無法逃避這問題，所以只能選擇面對。那麼，該如何做呢？阿德勒說，擁有「勇氣」。

阿德勒認為：「我只有在覺得自己有價值時，擁有勇氣；也只有在我的行為對共同體有所貢獻時，才會如此覺得。[*1]」也就是說，勇氣就是一種認為「自己有能力、有價值」的感覺。換言之，就是一種「自己可以解決課題，對他人有貢獻（有能力），而且感覺自己身處在周遭都是夥伴的情況（有價值）。」遂萌生「（既然別人做得到的話）我也做得到」的信念，得到面對困難的力量。

擁有勇氣才能面對困難，不再逃避。

＊1 Mark H.Stone, Kare A Drescher, *ADLER SPEAKS The Lectures of Alfred Adler*, iUniverse, 2004. P.34

有勇氣的人，擁有成功。
缺乏勇氣的人，只會愈來愈墮落。

阿德勒學派最常引用這個小故事。

某個男人在派對上正想打進一群人的圈子時，大家開始聊起藝術方面的話題，像是梵谷、雷諾瓦、高更等知名畫家，結果完全插不上嘴的男人覺得很難為情。那麼，他隔天會採取什麼樣的行動呢？

阿德勒學派這麼認為，如果男人有勇氣的話，他會去圖書館，正視自己缺乏藝術方面的知識，以致於無法融入團體的尷尬經驗。

相反的，倘若他缺乏勇氣的話，搞不好會給自己找藉口：「藝術什麼的實在很無趣，懂這種東西也不能當飯吃，充其量只是有錢人的休閒趣味。」像這樣貶低對方，不知努力，自我感覺良好。阿德勒心理學將這種心態稱為自我合理化，或是價值貶低傾向。那麼，男人究竟是幸還是不幸？答案顯然很清楚。

阿德勒認為：「成功是一種來自於勇氣的東西，心理諮商這份工作是將絕望感變成希望，收集完成一件有意義工作的能量。*1」

要想成功，要想變得幸福，就要有勇氣。

＊1《個體心理學講義》P.142

有勇氣的人，不但可以解決自己的課題，
還能對他人有所貢獻，
而且不會依賴、支配他人。

40

有勇氣的人，不但可以解決自己的課題，還能幫助他人，對他人有所貢獻。缺乏勇氣的人，只會將自己的課題推諉給別人，不想設法解決。這種人不覺得自己「有能力、有價值」，只想著自己「無法解決課題」，所以為了逃避失敗，逃進自卑情結的深淵。

阿德勒認為有勇氣的人，就是「普通人」、「正常人」；「正常人擁有十足的能量與勇氣，應付人生的課題與困難。*1」所以正常人可以靠自己解決人生課題。反觀缺乏勇氣的人，為了「逃離自己的課題*2」，而「試圖榨取別人的協助，像是友情、勞動、愛（中略）」；足見從一個人能否自行解決自己的課題，就能知道他是否擁有勇氣。

然而，勇氣的量經常變動。筆者回顧自己一路走來的人生，也是有時有勇氣，有時缺乏勇氣。一時的勇氣不足，也會讓自己躲進自卑情結的深淵。這時，一定要提醒自己補足勇氣（方法容後詳述），才能解決課題，對他人有所貢獻。

缺乏勇氣時，提醒自己補足勇氣，面對課題。

*1《個體心理學講義》P.58
*2《追求生存的意義》P.125

有勇氣的人，總是一派自然從容。
因為他們相信自己「和別人是夥伴關係，可以解決自我的課題」，
所以即便遭遇困難，也能從容以對。

41

阿德勒認為缺乏勇氣的人、情緒不穩定的人「總覺得自己周遭都是敵人*1」，所以總是處於緊繃狀態；因為覺得周遭都是敵人，自己無法克服困難的緣故。

相反的，有勇氣的人總是「一派自然從容」，感覺周遭都是夥伴，自己可以克服困難。

由此可見，有勇氣的人不單是樂天派、樂觀之人，也會有遭遇「困難」、「不順心」的時候，卻能從容以對，並且對於面對困難有所「覺悟」，具有強韌意志力。

阿德勒認為有勇氣之人的另一個特徵是「很自然」，「不但表達方式很自然，態度與走路方式也不會刻意矯作*2」。「唯有有勇氣、有自信、懂得放鬆的人，才能正面積極地面對困難，不會恐慌。*3」我們都需要有勇氣，心情輕鬆地享受人生。

檢視自己是否懂得放鬆、常保平常心，保持最自然的自己。

＊1《個體心理學講義》P.44
＊2《性格的心理學》P.22
＊3《個體心理學講義》P.16

有勇氣的人，也會擁有良好的人際關係。
無論是在職場、還是和志同道合的人在一起，都能
和別人打成一片。
因為他們不只在乎自己，也懂得關心別人。

42

只要「看這個人的人際關係[*1]」，就知道他是否有勇氣。具體來說，就是看這個人是否「容易結交朋友[*2]」。

有勇氣的人，將周遭的人視為夥伴，可以輕鬆與人為友；無論是在職場還是私生活都有良好的人際關係。

反觀缺乏勇氣的人，因為總是與周遭的人為敵，很難與人為善，所以無論是在職場還是私生活，都無法經營出良善的人際關係。

阿德勒認為這與一個人「對於周遭的關心度」有關。缺乏勇氣的人，滿腦子只在意「別人怎麼看待他」，不太關心別人，人際關係自然不順遂。

相反的，有勇氣的人懂得關心別人，不會只想到自己，所以他們始終擁有良善的人際關係；換言之，「具有共同體觀念的孩子，比較容易結交朋友」。

你是否擁有好人緣？這也是種測試一個人有無勇氣的指標吧。

輕鬆與人為友，凡事不要想得太複雜。

＊1《性格的心理學》P.22
＊2《追求生存的意義》P.48

缺乏勇氣的人，深信悲觀主義。
有勇氣的人，抱持樂觀主義。
而且就算有風險，還是選擇樂觀以對。

一個人有沒有勇氣，可依照他是抱持「樂觀主義還是悲觀主義」來判斷。

阿德勒認為：

「樂觀主義者的個性發展臻於成熟，具有一貫的信念，所以他（她）們勇於面對所有困難，卻不會鑽牛角尖。*1」

「在悲觀世界觀的勢力範圍中，他（她）們的視線總是投向人生的陰暗面，所以比樂觀主義者更容易意識到人生的困難，更容易失去勇氣。*2」

足見有勇氣的人，抱持的是樂觀主義；缺乏勇氣的人，深信的是悲觀主義。

信奉阿德勒學派的人，最喜歡引用阿蘭（Alain，1868-1951，法國哲學家）的《論幸福》中的名言。

「悲觀主義是一種心情，樂觀主義是一種意志。」

我們要是沒做些什麼，就會愈來愈流於悲觀；倘若不想這樣，就要具有意志，選擇樂觀。阿德勒認為：「讓自己擁有勇氣、率直、信賴、勤勉等特質。*3」

具有意志，凡事樂觀以對，這就是成為有勇氣之人的方法。

不讓自己流於悲觀主義，具有意志，凡事樂觀以對。

＊1《性格的心理學》P.21
＊2 同前書 P.22
＊3《人類智慧的心理學》P.31

縱使失敗，
有勇氣的人，也不會因此受傷。
因為他們知道總有一天，一定能克服。

44

人生伴隨著失敗，沒有人不曾嘗過失敗的滋味。問題不在於「是否失敗」，而是「失敗後，該如何面對」。缺乏勇氣的人，一旦感覺快要失敗了，就會逃進自卑情結中；然後真的失敗後，就會拒絕下一次挑戰。「不想再失敗，不想再被傷害」，所以一開始就逃避困難。

有勇氣的人，就算快要失敗也不會逃離，即便真的失敗，也不會逃避，因為「即使失敗，也沒那麼受傷*1」。

之所以沒那麼受傷，是因為「他們知道就算今天沒成功，總有一天一定能克服困難*2」，相信未來還是有無限可能。

同樣地，視周遭人是夥伴還是敵人，其中的差異也很大。缺乏勇氣的人，往往認為別人是敵人，並非夥伴，所以覺得自己一旦失敗就會被指責，恐懼被別人蔑視、排擠。相反的，有勇氣的人，總是視別人為夥伴，而非敵人，所以他們相信就算失敗，也會得到夥伴的認可與守護；對於有勇氣的人來說，失敗並不可怕。

不要畏懼失敗，就算失敗也沒關係，相信自己與夥伴。

＊1《個體心理學講義》P.85
＊2 同前書 P.36

缺乏勇氣的人，想辦法讓自己「特別」。
有勇氣的人，則是讓自己「普通」。
因為他們擁有「甘於平凡的勇氣」。

缺乏勇氣的人，會想辦法讓自己「特別」；因為他們認為別人不會接受（沒有價值）沒有任何特色的「平凡」自己。

他們相信「要是擁有特殊才能」、「要是有漂亮的學經歷」、「要是長得好看的話」就能得到別人的認同，深信要是沒有「特別」這道免死金牌，便無法生存。

之所以會有這樣的想法，意味著他們不相信現在的自己，也不相信周遭人是夥伴。不相信自己與他人，就是缺乏勇氣之人的特徵。

有勇氣的人，無懼於「普通」這件事，就算現在的自己不夠「特別」，也認為夥伴可以接受（有價值）現在的自己，因為他們擁有「甘於平凡的勇氣」。

因為他們可以接受有缺點、不夠完美的自己，而且相信周遭人是夥伴，這就是有勇氣之人的特徵。因此，當個「守規矩的一般學生*1」，就是有勇氣的人。

你不會讓自己很「特別」嗎？你擁有甘於「平凡」的勇氣嗎？

＊1《孩子的教育》P.36

有勇氣的人，懂得如何融入社會。
不但能做自己，做真心喜歡的事，
還能非常自然地對社會有所貢獻。

46

為了擁有勇氣，邁向幸福人生，必須靠自己的力量解決課題，對周遭人有所貢獻。

但絕不能有半點勉強，因為有所勉強就絕對無法持續，必須出於真心才能一直持續下去。

阿德勒給了一個答案：

「因為這樣的人非常懂得如何融入社會，所以無論是否心有所望，都能成為對社會有所貢獻的人。*1」

「若是希望豐富他人的生活，而『追求優越性』，那麼就會以對他人有利的方式持續進行。*2」也就是說，以自己的方式做自己喜歡的事，發揮所長，對社會有所貢獻，這就是具有勇氣之人的姿態，也是常保勇氣的秘訣。

只要是自己喜歡的事、擅長的事就可以。無論是辦事能力、還是擅長操作機械、善於經營人際關係、親切有禮等都行，活用這些特質對社會有所貢獻，這就是我們應走的路。

以自己喜歡的事、擅長的事，對社會有所貢獻。

＊1《個體心理學講義》P.57
＊2《人生意義的心理學（上）》P.87

那些習慣打破常規的人、犯罪者，不是有勇氣的人。
其實他們缺乏勇氣。
他們的反社會行為只是出於膽怯，沒有其他意義。

那些習慣打破常規、犯罪的人，會做出反社會行為，充其量只是看起來有勇氣，只要看看他們一直以來的表現方式就會明白，那不是勇氣，只是蠻勇，只是裝作很有勇氣的廉價把戲罷了。

犯罪者會鑽法律漏洞，挖掘人性陰暗面，藉由達成犯罪目的向社會彈指誇耀自己，這種人不是強者，而是弱者的表現，也是「欠缺勇氣，內心膽怯*1」的證明。為了掩飾脆弱與膽怯，必須裝強，這就是優越自卑情結。

其實不只犯罪者，像是犯罪者預備軍的問題少年也是；當他們長大後，就成了習慣打破常規、總是給別人添麻煩的人。當他們面對人生最困難的時候，為了逃離「努力」、「協力」與「貢獻」等有價值的行為，只好選擇裝強、打馬虎眼。

阿德勒認為：「防範犯罪最好的方法，就是讓所有人確信犯罪是一種膽怯的表現之外，沒有其他意義。*2」我們一定要睜大眼睛，看清楚身邊哪些是引發犯罪與問題行為的人。

認清引發犯罪與問題行為的人並非英雄，而是出於膽怯。

＊1＊2《個體心理學講義》P.18

工作的課題進行得不順利時，
只要將顧客與同事視為「夥伴」來對待就行了。
因為基本上，工作的課題也是交友的課題。

48

阿德勒說「人生有三大課題」，分別是①工作的課題、②交友的課題、③愛的課題。

那麼，①工作的課題進行得不順利時，該怎麼辦呢？阿德勒認為：「解決工作問題的最好手段，就是第二個課題，交友的課題。*1」具體而言，就是將顧客、客戶、同事和上司，視為夥伴；而且要讓他們開心，就是做些讓他們得到利益的事。

儒家的先賢荀子與孟子的名言廣為人知，其中有一句「先義後利」，更是被大丸百貨等多家企業奉為經營理念；「先義後利」的意思就是：「先考慮道義，而後考慮利益，就會得到光榮。」這與阿德勒的主張十分相似。首先，要將顧客與同事視為夥伴，做些讓他們開心的事，之後一定會有利益相隨。

有勇氣的人不但會解決自己的課題，還能與社會協調，視一起工作的人為夥伴。

工作不順利時，試著將對方視為朋友來對待。

*1《人生意義的心理學（下）》P.108

勇氣是共同體感覺的一部分。
阿德勒心理學最重要的主張，
就是勇氣與共同體感覺。

阿德勒說：「勇氣是共同體感覺的一部分。*1」只要確認這是勇氣的定義，自然就能明瞭箇中道理。

所謂勇氣，就是「可以解決自己的課題，能對他人有所貢獻（有能力）」的感覺，以及「視別人為夥伴，自己有安身立命之所（有價值）」的感覺，而這兩種感覺的前提就是與別人協調共生。所謂共同體感覺，就是「讓對方與自己歡喜」、「具有與別人協力合作的能力」，這種感覺與勇氣並存。

也就是說，不可能沒有共同體感覺，卻有勇氣；也不可能沒有勇氣，卻能發揮共同體感覺。再者，共同體感覺是一種「心情」，而非「行為」。因此，我們需要克服困難的活力，也就是需要勇氣來實踐共同體感覺。阿德勒認為：「我必須不斷提及個體心理學（作者注：阿德勒心理學）最重要的兩項主張，就是『共同體感覺』與『勇氣』。*2」

阿德勒心理學的中心概念，就是勇氣與共同體感覺，稱其為阿德勒心理學的兩大車輪也不為過。

具有勇氣，實踐共同體感覺。

＊1《追求生存的意義》P.238
＊2《孩子的教育》P.161

第五章

所有的過錯，
都是因為「欠缺共同體感覺」的關係。

——關於「共同體感覺」

阿德勒曾提及某位女性的事。
這位女性的婚姻似乎出了些狀況，
讓她煩惱到失眠，
於是，阿德勒對她說：
「如果今晚還是睡不著的話，
不妨想想讓另一半開心的方法，如何？
然後明天早上打電話告訴我，
妳想到哪些方法。」

翌晨，這位女性打電話給阿德勒。

「要怎麼說呢？阿德勒博士。
不好意思，我什麼也沒想到，
因為我昨晚睡得非常熟。」

摘自《阿德勒的回憶》（創元社）

所謂共同體感覺，
就是幫助他人感受歡喜，自己也感受歡喜的心。
也就是覺得施比受更有福的心。

50

阿德勒認為所謂共同體感覺，就是「幫助他人感受歡喜，自己也感受歡喜的心」，也就是「覺得施比受更有福的心」。「只要調查一下該如何提供援助，如何使對方感到歡喜，其實人的共同體感覺很容易推測。＊1」要想活得幸福，除了勇氣之外，還必須要有共同體感覺。

向量是以代表「方向」與「長度」的箭頭來表示；阿德勒主張的幸福生活的條件，或許可以用向量表示。箭頭的「長度」就是「勇氣」的充足度，也表示能量的注入程度；而箭頭的「向量」就是「共同體感覺」，表示幸福生活的方向性。

阿德勒認為：「一個人是否有共同體感覺很快就能看出來。」因為有共同體感覺的人，「不光是外貌，快活程度也能讓別人感受到活著的喜悅，也會直覺地對他（她）們產生好感。」相反的，缺乏共同體感覺的人，因為內心憂慮煩躁，所以總是愁容滿面。

擁有共同體感覺的人，不但會做些對社會有貢獻的行為，也會將一直存在於內在的「活著的喜悅與人生的美好」感染給別人，自己也能得到益處。

幫助別人，讓別人喜悅，自己也覺得快樂。

＊1《性格的心理學》P.111

所謂共同體感覺，
就是心態正常與幸福的指標，
也是指引方向的星辰。

阿德勒認為，評價、判斷一個人的基準有許多種，其中與「勇氣」並稱的「共同體感覺」可以反覆利用。也就是說，共同體感覺的「有」、「無」將人分類，共同體感覺的「多」、「少」也成為一種正常性指標。

這樣的分類除了適用於本書提及的「正常」、「異常」、「幸福」和「不幸」之外，共同體感覺的有無也能決定「成功」與「失敗」，甚至是「善」、「惡」；不僅如此，阿德勒將共同體感覺稱為「指引社會全體幸福的星辰*1」，甚至認為「無法認同其他基準的影響力，會比共同體感覺來得大*2」，足見他有多麼重視共同體感覺。

共同體感覺是價值的心理學。阿德勒因為將價值帶入心理學的世界，遭當時的精神醫學界撻伐「這不是科學，是宗教」，也被基督教團體批評「共同體感覺並非什麼創新理論，不過是基督教教義的一環罷了」。面對這樣的批評聲浪，阿德勒卻謙虛地表示：「這是我迄今收到最大的讚美之詞。」對阿德勒來說，畫分科學與宗教是一件無意義的事，能對治療患者有所助益才是最重要的事。

共同體感覺是「指引方向的星辰」，當你迷途時，請回到那裡吧。

＊1《追求生存的意義》P.227
＊2《性格的心理學》P.14

所有失敗，
都是因為欠缺共同體感覺。
因為與他人協力合作的能力不高，才會失敗。

52

「我們認為所有失敗，是因為欠缺共同體感覺。*1」這是阿德勒的主張。「所有問題都是（中略）人際關係的問題*2」，當然「所有失敗也是人際關係的失敗」。因此，「共同體感覺」也能用來衡量人際關係的成功與否。

只要具有共同體感覺，人生就是成功；反之，缺乏共同體感覺，人生就是失敗，這是阿德勒心理學的一項簡單思考原則。

筆者完全贊同這樣的思考原則。當我們感受到幸福時，就是看見家人和夥伴很幸福的時候；哪怕只是一點點，都能感受自己對於他們的幸福有所貢獻。

好比擁有再多財富、名車、精品，卻獨自住在無人島，這一切就沒了價值。我們是唯有將自己擁有的事物與能力和夥伴分享、對夥伴有所貢獻時，才能感受到喜悅的社會性動物。因此，我們是所有動物中最弱的，除了相互合作之外，沒有其他得到幸福的方法，足見共同體感覺也能用來衡量人生的成功與失敗。

失敗時，不妨審視自己發揮了多少共同體感覺，並期許自己持續發揮。

＊1《追求生存的意義》P.232
＊2《個體心理學講義》P.132

地球面對缺乏共同體感覺的人，會這麼喝斥：

「地球上沒有你們立足的地方，

全部都給我消失！去死吧！」

「給我滾！（中略）去死吧！消失吧！[*1]」

雖然實在不像個性溫和的阿德勒會說的話，但他確實這麼說過。阿德勒曾辛辣批判：「地球與宇宙會激烈否定缺乏共同體感覺的人。」斷言一個人要是缺乏共同體感覺，根本無法生存。

或許有些人會覺得被如此斷言的人應該是這種類型：

「八成是那種不擅交際、個性彆扭的職人或藝術家吧？難道不擅交際就沒有生存價值嗎？」

並非如此。不少擁有專門技術，像是從事藝術工作、會計、法律的人，都不擅長經營人際關係，但他們還是可以充分發揮共同體感覺，因為他們從事的是能夠發揮專業能力的絕佳工作，社會也因為他們提供的藝術、技術與服務而蒙受莫大恩惠。因此，他們是以這樣的型態對共同體有所貢獻。畢竟發揮共同體感覺的方法因人而異，只要以自己擅長的領域與方法貢獻社會就行了。這就是一種發揮共同體感覺的精彩表現。

以自己的方法與方式，對共同體有所貢獻吧。

＊1《人生意義的心理學》P.17

結婚並非猶如身處天堂，一切都很順遂。
結婚的課題和一般人際關係的課題相同，
夫婦之間必須做些讓對方感受喜悅的事。

「要是覺得愛與婚姻一切如己願，有如身處天堂的話，那就大錯特錯了。*1」確實如此。往往因為對方的外表、社經地位等，讓「戀愛」中的情侶輕易認為「結婚肯定有如身處天堂」，誤以為戀愛與一般人際關係是截然不同的課題。

只要經驗過長久婚姻生活的人，就會明白如同阿德勒所言，「戀愛」的怦然感僅僅過了幾年便蕩然無存。唯有彼此相互體諒，愛對方更甚自己，婚姻生活才能長久幸福，這和成功經營一般人際關係的秘訣是一樣的。

阿德勒認為：「丈夫必須成為妻子的夥伴，且必須做些讓妻子感到喜悅的事。（中略）伴侶之間必須關愛對方更甚於自己。*2」這是阿德勒主張的基本人際關係中，所謂「交友的課題」。無論是工作的課題、愛的課題，還是成為信賴對方的夥伴，這些都是交友的基本課題。由此可見，無論是戀愛還是結婚，都是一般人際關係。

千萬別誤以為結婚一事，有如身處天堂般萬事順遂，待另一半如同夥伴吧。

*1《個體心理學講義》P.145
*2《人生意義的心理學（上）》P.167

不少共同體感覺高的人，從事教職。
因為「貢獻」是他們的目的。
不少共同體感覺低的人，也從事教職。
因為「支配弱者」是他們的目的，唯有與弱者為伍
才能安心。

阿德勒問當上律師的年輕人：

「你想被人尊敬，是吧？」

年輕人極力否定，回道：「我從未這麼想。」

幾個月後，他的伯父問他：「你為何選擇當律師呢？」

他回道：「因為我覺得律師這職業會受到別人尊敬。」

那瞬間，他嚇了一跳，因為年輕人想起阿德勒的話。

有些人是抱著想救人的心，成為醫師；也有人是為了追求社經地位與財富，而成為醫師。有人是為了幫助團隊夥伴而擔任管理職，也有人是為了指使別人，而躍居管理職。

就像選擇職業透露出來的訊息般，所有選擇、行為都有目的，只是目的因人而異，取決於共同體感覺的高低。你想對社會有所貢獻嗎？你想追求個人的優越性嗎？你想成為好老師、律師、醫師、躍居管理職嗎？還是想利用職務滿足個人的私心？一切取決於你是否具有共同體感覺。

別以「個人的優越性」，要以「對於共同體的貢獻」來選擇職業。

容易忘東忘西的人、容易犯錯的人、做事馬虎的人，
不會主動關心夥伴，
因為他們缺乏共同體感覺。

56

所有行為都有目的，這個目的也許是追求優越性，也許是迴避自卑感。做事馬虎的人、容易犯錯的人亦然，他們藉由忘記一事，無意識追求優越性，或是迴避自卑感。

阿德勒認為：「因為不會主動關心夥伴，所以總是做事馬虎，心不在焉。*1」倘若會主動關心夥伴，共同體感覺高的話，就不會忘記自己該做的事，也不會凡事敷衍以對，而是做好各種準備與審視工作。

說來慚愧，我也是容易忘東忘西的人。想想，我從小的確以自我為中心，比較不懂得關心別人，但自從接觸阿德勒心理學之後，深深覺得這樣的自己真的很可恥。發揮共同體感覺，盡量不造成別人的困擾，抱持對社會有所貢獻的心。無奈十幾年來養成的習慣，很難一朝一夕就改變，雖說自己比以往進步許多，但健忘的毛病還是有；我想，就算如此也無妨，是吧？盡量提醒自己注意，盡量做好審視工作，就是將心理學學以致用，發揮共同體感覺。就算沒有百分之百發揮也沒關係，付諸行動最重要。

總是忘東忘西、容易犯錯的人，務必盡量提醒自己做好審視工作、避免出錯。

＊1《人類智慧的心理學》P.105

共同體感覺高的人，
不只真誠對待別人，懂得付出，
也有勇氣向外求援。

所謂共同體感覺就是對於幫助他人感到歡喜，認為讓別人開心，就是讓自己開心；若非相信別人是夥伴，不是敵人，根本做不到。倘若覺得別人是敵人，就會擔心自己要是出手相助，搞不好會被對方怨恨，誤會自己是個「自以為了不起的傢伙」，所以不敢幫助別人。

反之亦然，正因為覺得別人是夥伴，所以當自己的能力與經驗不足時，會毫不客氣地向對方求援：「可以幫我嗎？」要是無法開口的話，表示你並不認為他是夥伴。阿德勒認為：「夥伴就是樂意幫助他人，或是當自己遇到能力不及的事情時，會大方接受援助。」

相互信賴的夥伴與家族就像翹翹板般的借貸關係，這次幫忙對方，下次換對方幫忙我，然後再換過來……。如同玩翹翹板，有來有往，互相幫助（自然到不覺得有借貸關係）。就某種意思來說，不僅是付出，也是一種接受的能力，也可說是檢測共同體感覺的氣壓計。

相信對方是夥伴，大方接受來自別人的援助，彌補自己的不足。

共同體感覺偏低的人，
總是像在打空氣拳擊（shadow boxing），
明明面前沒有敵人，卻緊張兮兮，獨自戰鬥。

58

拳擊有格鬥的對象，但空氣拳擊沒有，只能想像面前有敵人，不斷出拳、防禦。

阿德勒認為，共同體感覺偏低的人，就像在打空氣拳擊。

縱使眼前的人是真正的夥伴，他也會想像對方是敵人；明明對方並無此意，卻總是認為對方的言行是在攻擊自己，一味防禦、逃避，然後趁隙朝對方反覆出拳攻擊，阿德勒以空氣拳擊來比喻。

認為周遭人皆是敵人一事，就像「一個人在打空氣拳擊*1」，徒讓精神與肉體十分疲憊罷了。也就不可能從容閒適。

要想改變，唯有相信一途，相信周遭人是夥伴，這種信賴感無須憑據。一旦察覺自己以空氣拳擊進行防禦與攻擊，就是跨出改變自己的一大步。

相信周遭人是夥伴，別再打空氣拳擊。

*1《人生意義的心理學（上）》P.88

共同體感覺並非與生俱來。
無論是誰，都是帶著這顆種子來到世上。
父母和老師必須給種子澆水，以及給予充足的陽光。

阿德勒認為：「學校生活是孩子面對社會性課題，如何準備的一種實驗與試煉。*1」也認為：「孩子在學校的表現，顯示他是否適應社會這個大環境。*2」

共同體感覺的高低即便是與生俱來，也無法遺傳，但沒有哪個孩子天生沒有共同體感覺；相反的，也沒有哪個孩子天生擁有百分之百的共同體感覺。阿德勒認為無論是誰，天生都擁有共同體感覺的「種子」，每個家庭和學校一起培育這顆種子，使其開花結果，這就是教育。

雖然每個人都擁有種子，但培育的環境不一樣。每天給種子澆水、曬曬溫暖陽光、施肥，無奈這世上有願意悉心呵護的父母師長，也有完全不想照顧的父母師長。

教育就是幫助周遭人們讓這朵稱為共同體感覺的花綻放。因此，不能將孩子的共同體感覺偏低一事歸咎於遺傳，父母師長不能卸責。

勤於給每個人天生就擁有的「共同體感覺種子」澆水、施肥吧。

＊1《難以管教的孩子們》P.12
＊2《個體心理學講義》P.112

只有認為「自己只能活在群體中」，
認為「自己是全體的一份子」的人，
才能提升自我的共同體感覺。

60

阿德勒從各種角度定義共同體感覺，其中一項就是「個人是全體的一份子*1」，全體指的就是共同體。共同體感覺就是認為「自己屬於比自己更大的群體、組織、社會、宇宙的一部分」，以「自己是其中的一份子而活」。

那麼，我們身為公司、學校與組織的「齒輪」，就必須壓抑自我而活嗎？不，不是這意思。

阿德勒定義的共同體並非具體的組織體系，而是一種抽象概念，並非「既有的共同體與社會」，而是定義為「所有人類的理想共同體，以完成最後進化為目標*2」的意思。因此，這裡指的全體就是「打造讓所有人、生物、宇宙變得幸福的理想虛構世界」。當我們以「全體的一份子而活」時，全體就是一種「人類的理想」，絕非自己所處的小公司或組織。

發揮共同體感覺一事，不只局限於自己目前身處的組織，而是思考「如何讓大家變得幸福」，並付諸行動。

不是以成為組織的一個齒輪為目標，而是試著以人類的理想為本，思考並付諸行動。

＊1《追求生存的意義》P.230
＊2 同前書 P.225

你還要繼續抹殺個人特色，犧牲自我嗎？
當然不要。
一邊發揮個性，一邊對共同體有所貢獻。
兩者是可以並行不悖的。

61

共同體感覺是一種很容易被誤解的概念，因為以「全體的一份子而活」這件事容易被理解成「抹殺個人特色」、「忍耐」、「犧牲自我」等，但阿德勒提出這主張的本意並非如此。這樣的人往往會被批評「失去自我原則（中略）過度社會化的人*1」此外，對於世人批評他的主張是「以維護自身利益為優先考量，或是強化自我個性*2」的說法，阿德勒也明確否認。

那麼，究竟該如何解讀這項主張呢？筆者認為可以解釋成「發揮個人特色與發揮共同體感覺，兩者是可以並行不悖的」。請回想一下本章開頭提到的那位深為失眠所苦的婦人案例，其實思考「明天要如何讓老公感到快樂呢？」一事就是「發揮個人特色」，畢竟有許多讓另一半開心的方法，不是嗎？因此可以就這一點，發揮個人特色，自己也會覺得很開心，這就是發揮共同體感覺，足見兩者並行不悖。

此外，「發揮自我專長，滿足客戶」一事，也可說是同時發揮個人特色、個人利益與共同體感覺的體現。

一方面發揮個人特色，尊重自我利益，一方面發揮共同體感覺。

＊1《孩子的教育》P.163
＊2《人生意義的心理學（上）》P.16

「這是正確的共同體感覺」這說法並非絕對的真理，應該能以「common sense」（共通感）替代吧。畢竟相較於個人感受，「common sense」大抵是正確的。

62

相信諸位閱讀至此，應該清楚了解發揮共同體感覺對於人生而言，是多麼重要的事；但是問題千百種，各有論調，面對日常生活的各種情形，還是有不知如何是好，猶豫不決的時候。

以自己的孩子拒絕上學為例，究竟是要強迫孩子上學，讓其發揮共同體感覺，還是既然本人討厭上學，就尊重他的決定比較好呢？肯定有很多人為此問題傷透腦筋吧。阿德勒曾說：「我們絕對無法以科學尋求出真理，因為真理是建立在『common sense』（共通感）上，而且會不斷改變。*1」亦即任誰也不知道正確答案為何。

那麼，不可能做出判斷囉？不，不是這意思。阿德勒認為：「依據『common sense』（共通感）做出的判斷，大抵是正確的。*2」也就是說，大多數人認為「這麼做應該比較好」，大抵是正確的。

「common sense」（共通感）會隨著時代而改變，以往面對拒絕上學的孩子，認為強制讓其上學是理所當然的事，但時至今日，或許這樣的決定與看法不見得是正確的。由此可知，不斷變化的「common sense」（共通感）是判斷的指針。

猶豫不決，無法判斷時，不妨依循「common sense」（共通感）。

＊1《個體心理學講義》P.13
＊2 同前書 P.17

解決所有困難的唯一方法，
就是發揮共同體感覺。
這麼一來，便能從所有困難中解脫。

63

我曾為憂鬱症所苦，不斷在迷惘中探求「該如何從痛苦中解脫？」，或許因為有此經驗，所以在阿德勒的著作中看到這句話時，清楚記得那時有如在黑暗中看到一道曙光般閃耀生輝。

「要說有什麼能讓我們克服一切困難的觀點，那就是發揮共同體感覺。只要成功做到這一點，所有困難都會變得微不足道。*1」看到如此強而有力、乾脆俐落的答案，頓時有種一口氣解開謎題的無比爽快感。

「解開痛苦的謎題！看見自己應該前進的方向！」這是我的一大感觸，但同時腦子清楚明白親身實踐，也就是「改變自我」一事絕非易事。明明知道，卻總是錯誤不斷、走回頭路，但多虧這個「引導之星」，至少不再迷惘自己該怎麼走下去。

解決所有煩惱、痛苦的唯一一條路，就是發揮共同體感覺。迷惘時，常常回到這裡就對了，就不會迷失方向。

藉由發揮共同體感覺，讓自己從所有煩惱、痛苦中解脫。

＊1《人類智慧的心理學》P.169

第六章

情感表達激烈的人，
往往懷有強烈自卑感。

——關於「情感」

雖然阿德勒幾乎從未提及自己的成長過程，
只提過片段，
在他踉蹌學步的幼兒時期，
每次一生氣，就發不出聲音，
引發輕微無法呼吸的症狀。

數十年後，每次想發脾氣時，
他就會開玩笑地回想幼時情形。

「因為那種情況非常痛苦，
所以我三歲時，就下定決心不再生氣。
從那天開始，我從沒生氣過。」

摘自《阿德勒的生涯》（金子書房）

我們並非被「情感」這不知廬山真面目的東西所支配。
當我們對於自己前進的方向與態度失去自信時，
就會創造情感，推著自己前進。

64

「如果人類沒有情感的話，應該就沒有人會結婚吧。」

這是阿德勒學派成員，時常說的玩笑話。

情感並非忽然不知從哪兒迸出，不知廬山真面目為何的存在，而是為了推著自己前進，由自己一手創造並使用。

不是因為沉醉於戀愛而告白，而是為了告白，自我創造戀愛情感，藉由不斷提升這種情感，推著自己前進。

我們不是被憤怒這謎樣的情感撩撥而生氣，而是出於自己的想法，為了支配對方，而創造、利用憤怒情感。

阿德勒曾針對情感，表達看法：「人是依循性格（生活型態）而行動，然而一旦偏離『common sense』（共通感），就會在自己的性格（個人感覺到的生活型態）催逼下創造並利用情感」。行動＝性格（方向性）×情感（推動力）。所謂情感，就是為了貫徹自己的感覺而擴增行動的裝置，或許可說是渦輪增壓器吧。

因此，別將所有衝動行為都推說是情感所致，其實那是自己創造出來的東西。

別將衝動行為都推說是情感所致。

頻繁使用激烈情感的人，
其實具有強烈自卑感。
因為他們缺乏自信，所以情感是必要工具。

情感是當自己的性格（個人感覺的生活型態）與「common sense」（共通感）背離時，為了貫徹自我意志而推自己前進的一種擴增裝置。

如果我們的性格不會背離「common sense」（共通感）的話，就不需要情感。就算不推著自己前進，但因為別人接受自己的行為，也就不必使用情感，好比日常行為就是不使用情感，如常進行的證據，也就是我們常說的：「常常這麼做的意思，就是不需要伴隨情感也能進行的事。*1」

相反的，我們的性格要是嚴重背離「common sense」（共通感），就會「依循情感，試圖正當化*2」，亦即大部分情形的共同體感覺都偏低。共同體感覺偏低的人缺乏體貼的心，往往只想到自己的感受，人際關係欠佳，過著不幸人生，所以總是懷有自卑感。於是，為了掩飾這種強烈自卑感，就會更加使用情感，推著自己前進。

由此可見，激烈情感與強烈自卑感之間具有因果關係，激烈情感的根源隱藏著強烈自卑感。

一旦頻繁使用激烈情感，表示自己可能懷有強烈自卑感。

＊1＊2《個體心理學講義》P.21

有兩種情感，
一種是「連結人與人之間的情感」，
另一種是「挑撥離間人與人之間的情感」。
心情開朗之人的身邊總是圍繞著一群人。

66

阿德勒將人類的情感分為兩種。

一種是「挑撥離間人與人之間的情感」，具體來說，就是生氣、厭惡、悲傷、不安、嫉妒等；另一種是「連結人與人之間的情感」，也就是喜悅。

有趣的是，「有一種情感是既離間，也會連結」，阿德勒舉了同情與羞恥心為例，這又是什麼意思呢？

同情的本質情感是「連結人與人之間的情感」，也就是能夠感同身受別人的痛與苦；不過同情也常被「誤用*1」。因為一般認為有同情心的人是溫柔好人，所以有些人會利用這認知，「演出」同情；搞不好是在連自己也沒有意識到的情況下，創造出同情，結果遭別人批評是偽善者。阿德勒說，當同情心與羞恥心被「誤用」成偽善時，就成了「挑撥離間人與人之間」的情感。

情感是一個人擁有的共同體感覺，表現出來的可能是正面或負面。若是無論如何都要使用情感的話，那就用喜悅來連結吧。也就是常保好心情。

善用連結人與人之間的「喜悅」情感。

＊1《性格的心理學》P.140

嫉妒是一種被頻繁利用的情感。
奪去對方的自由，迫使其依從你的規則。
差遣對方，貶低對方，讓自己成為主宰對方的王。

所謂嫉妒，就是：「當自己所愛或擁有的一切將被奪走時，試圖蔑視、責備、束縛、排斥企圖奪取的人，或是奪取之人價值的一種情感。」阿德勒認為：「嫉妒是用於貶低、責備他人時，一種非常有用的情感。*1」就某種意思來說，嫉妒是「挑撥離間人與人之間的情感」。

嫉妒之人的手上握有兩座獎杯，一座是確保能夠束縛所愛或是擁有的對象。好比面對的是情人、互許終身的另一半時，束縛他（她），使其無法逃出你的手掌心。

第二座獎杯是差遣對方，貶低對方的地位，讓自己成為主宰對方的王，也就是前面提過帶有「價值貶低傾向」的優越自卑感。第二座獎杯不但適用於愛情，也適用於工作，也就是出於嫉妒之心，輕視、束縛、排斥對方。

嫉妒的另一層意思就是滿足自我欲求的強烈情感，因此頻繁使用這種情感。然而，正因為嫉妒是「挑撥離間人與人之間的情感」，所以副作用也很大。我們應該學習不使用嫉妒的情感，正視屬於自己的課題。

不嫉妒對方，輕蔑對方，努力提升自我。

*1《性格的心理學》P.76

「憤怒」是迫使對方屈服、支配對方而使用的情感。
也是藉由犧牲對方，提升自尊心，一種便宜行事的方法。
因為屢試不爽，所以經常被使用。

68

「憤怒」比「嫉妒」更常被利用來「挑撥離間人與人之間的情感」。

憤怒這情感最常被使用的目的，就是「支配」。使用憤怒這情感，藉由出聲大吼，表露情感，進而操控對方，並因此感受到一股優越感。「犧牲他人，提升自尊情感*1」也就是強調個人的優越性；如此一來，當然會撕裂與對方之間的關係。

縱使如此，我們還是頻繁使用憤怒這情感。這是因為「藉由憤怒支配的情形，大抵都很順利*2」，也就十分享受這樣的滋味，感受迫使對方屈服的喜悅。

然而，憤怒是一種犧牲對方，損人利己的狡猾情感。一旦使用憤怒這情感，「就會成為最容易支配他人的人*3」，活脫脫就是便宜行事的戲法，馬上露出馬腳。礙於憤怒情感而屈服的人，絕對不可能打從心底認同、協助合作，反而會導致彼此的關係漸行漸遠。用權力迫使對方屈服，就像不可能從高帽子變出一疊錢，成為有錢人。

盡量避免使用憤怒這種情感，冷靜與對方溝通。

＊1《性格的心理學》P.131
＊2＊3同前書 P.129

誇張的悲傷與淚水，是用來攻擊別人的責難。
因為成了告發別人的法官，立場也就高人一等。
不僅如此，還會利用別人的脆弱，得到安慰與關懷。

其實誇張的「悲傷」和「憤怒」無異，乍聽這樣的說法，或許無法認同，但阿德勒認為兩者的目的都是「支配」。阿德勒將「淚水」稱為「水力」，而眼淚代表的柔弱其實是「強力的柔弱」，因為我們很難攻擊流淚的弱者。當然，這樣的主張讓人一時很難接受。總之，柔弱是支配對方的最強力武器。

此外，阿德勒也認為悲傷「一旦過於誇張，對於周遭人們就成了敵對的東西、有害的東西[*1]」。內心懷著敵對的情感，身為告發者、以法官自居，具有仲裁對方的意圖，也是一種「挑撥離間人與人之間的情感」。誇張的悲傷也能「牽引出援助、安慰與親切[*2]」，所以有些人會無意識地濫用這樣的情感。

當然，也有絲毫不帶這裡所說的惡意，純粹的悲傷情感；但一旦頻繁利用這種激烈情感，就會被誤會隱藏著敵對的東西。總之，用冷靜雙眼審視自己吧。畢竟頻繁挑撥離間人與人之間的情感，自己也不可能得到幸福。

頻繁使用悲傷與淚水攻勢的人，不妨審視自己是否心存告發別人的敵意。

＊1《性格的心理學》P.133
＊2《人為什麼會罹患身心症？》P.110

酒精不會改變人的本性。
因為不喝酒時巧妙隱藏的本性，
會隨著酒後心情放鬆時，表露無遺。

70

酒是魔物、人被酒喝、酒會改變一個人，這是世人對於酒的看法。阿德勒卻不這麼認為，他主張並非酒改變人，酒只是將一個人隱藏的本性揭露出來罷了。

例如，平常溫和順從的人，一旦喝酒就像變了個人，變得暴怒又急躁。一般認為是酒改變人，阿德勒學派卻認為並非如此，其實他（她）本來就對別人懷有敵意，只是沒喝醉時隱藏得很好；應該說，喝酒時的他才是真正的他，「因為喝醉後無法克制，便會表露出來*1」。

任誰都有自卑感，只是大部分人會隱藏，為什麼呢？因為怕被別人輕蔑。同樣的，人也會隱藏怒氣。我們平常會隱藏沒有依循共同體感覺的行為，然後藉由酒精之力表露無遺。因此，喝酒後醜態畢露，或許是面對真實自我的機會。

喝醉時的自己才是真正的自己。

＊1《性格的心理學》P.132

喜悅與笑容可以溫暖人心，
也可連結人與人的情感。

看見別人開心的樣子是件好事，因為感受到對方的「喜悅」，連自己的心也跟著溫暖，這般情感也會促使彼此握手、擁抱。用心與身體分享喜悅，便能瞬間拉近彼此的距離。

阿德勒認為「喜悅」是連結人與人的情感。唯有相信人與人之間有所連結的人，才能以「笑容」表現喜悅的情感，讓彼此的連結更深。

相反地，不相信人與人之間有所連結的人，習慣隱藏喜悅的情感，好比原本可以一笑置之的場面，卻始終面無表情，猶豫著：「因為這點小事就開心，這樣好嗎？」這就是不信賴他人的證據，因為總是在意「別人怎麼看我」而萌生自卑感，也就拒絕和別人分享喜悅、有所交流。

相信他人的善意，相信他人是夥伴，就會想表達自己的喜悅，並感同身受別人的喜悅。所以大方表達喜悅的情感，就是邁向幸福的第一步。

別害羞，大方表達喜悅的情感吧！

總是覺得周遭與我為敵的人，內心很孤獨。
總是自我陶醉的人，內心也很孤獨。
他們一向拒人於外，沉醉在只有自己的世界裡。

72

孤獨就是無法和別人打成一片，總是孤零零的。

阿德勒認為：「個人只有生存於社會群體中，才是個人。*1」人無法在沒有任何人際關係下生存。孤獨和共同體感覺是相對的，因此人無法在孤獨的情況下，活得幸福。

然而人往往選擇孤獨，大多數情形是為了「避免因為人際關係遭受傷害」，無疑是自卑情結作祟。而且為了隱藏這種強烈自卑感，還會編故事，因此出現優越自卑情結。「我和別人不一樣，我是個高貴的人，因為高人一等，所以無法和別人來往。」說穿了，就是活在捏造的情節中。阿德勒稱此為「自我陶醉*2」。

足見人是基於兩種目的而利用孤獨，一種是認為周遭與我為敵，因為害怕受傷而選擇孤獨；另一種是認為自己高人一等，為了自我陶醉而選擇孤獨，可惜兩者都是與共同體感覺背道而馳的情感，也是拉開人與人之間的情感。

孤獨是自我創造出來的狀態。拿出勇氣，試著和別人打成一片。

＊1《個體心理學講義》P.123
＊2《人生意義的心理學（下）》P.25

別拿情感當藉口，
多說無益，該做的事做就對了。
不必在乎別人的看法。

73

阿德勒認為：「情感會深深影響一個人的行為，我們常做的事就是伴隨情感而行動。足見情感不過是一種依附在行為上的東西。*1」

如同前述，情感是驅使我們行動的推進器。當我們對於自己前行的方向感到徬徨時，「往往會利用情感正當化自己的態度*2」雖說如此，也不能說情感是必要的東西。別受情感驅使，做自己該做的事就對了。阿德勒認為要是遇到什麼讓自己猶豫不決的事，依循「Common Sense」（共通感），也就是共同體感覺的方向修正就對了。

然而，情感也往往被批評是用來「逃避解決課題的藉口」，成了人們創造出悲傷、不安等情緒，逃避課題的一種工具。

「只要問問自己是否必須這麼做，不必在乎別人的看法，別拿情感當藉口。*3」

別拿情感當作「不做的藉口」。

＊1＊2《個體心理學講義》P.21
＊3《阿德勒的回憶》P.168

就算想改變情感也沒有用。
因為必須改變情感的根本，也就是「性格」。
不改變「性格」，就無法改變「情感」。

74

「認知治療法」屬於一種心理諮商法，也是目前國際間普遍用來治療憂鬱症、躁鬱症等身心疾病的療法。依據身為北美阿德勒心理學會會員，研究人性心理學專家之一的阿爾伯特・艾利斯（Albert Ellis），以及有認知療法之父美名，深受阿德勒影響的亞倫・貝克（Aaron Temkin Beck）的主張，一個人的思考、情感、行為均取決於認知。好比遭遇挫折失敗時，我們會認知：「慘了，我的人生完了。」或是「失敗乃兵家常事，重新來過就行了。」、「失敗為成功之母，記取這次的經驗吧！」認知會改變我們的思考、情感與行為。

這樣的想法就是阿德勒心理學的「認知論」。阿德勒將深受認知影響的信念體系稱為「Lifestyle」（性格）」，並認為不可能光只是修正行為與情感，必須徹底改變信念體系，也就是「改變 Lifestyle」（性格）[*1]」。

改變「Lifestyle」（性格）」一事，就是「改變自我」，而且是有步驟的，第七、第八章將帶領大家依序深入了解。

不是直接改變情感與行為，而是改變信念體系。

＊1《人生意義的心理學（上）》P.60

第七章

你有貢獻自我能力的價值。

——關於「增添勇氣」

父親（阿爾弗雷德．阿德勒）總是帶給周遭人勇氣。
我十歲那年轉學，
適應新環境的我對數學深感棘手，
甚至逃避學校的考試，偷偷溜回家。
因為覺得自己肯定考得很差。
父親對我說：
「不會吧？別人都會的事，你卻覺得『自己』不會，你覺得這種事會發生在自己身上嗎？其實你只要試著去做，應該都會才是。」

之後有一段時間，數學成了我最擅長的科目。
老師對我說：
「阿德勒同學，只要肯學就會，不是嗎？」
但是我了解到另一件事，
那就是不要在乎老師最初說的那句話：「你這樣的學習態度會考得很差喔！」
就能克服困難。

摘自《阿德勒的回憶》（創元社）

所謂「給予他人勇氣」，
就是抱持「自己有能力、有價值貢獻什麼」的想法，
為別人做些什麼。

勇氣就是抱持「自己有能力、有價值貢獻什麼」的想法，擁有「克服困難的活力」。只要有勇氣，便能看到人生的光明面，努力不懈、並幫助別人。一旦缺乏勇氣，就會害怕「自己因為失敗而受傷」，一味選擇逃避。那麼，該如何面對缺乏勇氣的人呢？只要幫他們補足勇氣，帶給他們勇氣就行了。

給予他人勇氣的具體行為就是「感謝」對方的「貢獻」，說句「謝謝」、「幸好有你幫忙」，這麼一來，對方肯定能感受到「我對別人有所貢獻」、「我是被需要的」，這就是給予他人勇氣的具體行為。

給予他人勇氣不光是「用說的」，有時候你不用說什麼，你的表情、視線，甚至你的存在感便能讓對方相信自己有能力、是被需要的存在，帶給對方滿滿的勇氣。相反的，如果你只是說句：「謝謝你的幫忙。」卻讓對方察覺到操控的意圖，那就不能給予對方勇氣了。所謂「給予他人勇氣」，就是抱持「自己有能力、有價值貢獻什麼」的想法，為別人做些什麼，絕對不只是一種人際關係的技巧。

一句感謝的話語或是真誠的態度，便能給予他人勇氣。

過度關心的結果，就是折損他人的勇氣。
因為心想「反正他一定沒轍」，所以伸出援手。
給予他人勇氣就是幫助對方自立，
守護對方，心想「他一定做得到」。

76

法蘭克．帕波德夫人回憶阿德勒時，這麼說：

「阿德勒很用心教導我的小兒子，讓他深深感受到對自己的信任與肯定。有一次在阿德勒博士的辦公室，我要幫兒子脫外套時，博士提醒我別這麼做。他說小法朗克已經長大了，應該要讓他學習自立，果然他也漸漸沒那麼內向了。＊1」

阿德勒也有帶給患者勇氣的逸話。不僅患者，他也很重視父母師長如何教育孩子。阿德勒認為父母師長不能讓孩子養成依賴習慣，而是給予他們各種課題，讓他們學習獨立；最重要的是不要主動出手幫忙，而是從旁守護。

這則逸話就是在說明「過度關心」不是真正的愛，不但無法帶給對方勇氣，還會折損對方的勇氣，為什麼呢？因為過度關心只會剝奪「從經驗中學習的機會」以及「訓練如何解決問題的機會」。帶給對方勇氣就是要給予對方學習的機會，相信對方一定做得到。

過度關心不是件好事，學習相信對方、守護對方。

＊1《阿德勒的回憶》P.148

別人能做到的事，
只要自己肯努力，「無論是誰、無論是什麼事都能做到」。
這是阿德勒心理學對人性的確信。

阿德勒在著作中不斷這麼強調：

「鼓起勇氣不是要創造什麼驚人成就，而是相信無論是誰、無論什麼事都能做到，這是個體心理學一種對人性的確信*1」、「只要持續進行適當的訓練，別人能做到的事，你也可以*2」這是阿德勒心理學的基本信念。

二〇一四年，我挑戰撒哈拉沙漠的馬拉松，八天七夜成功跑完二百六十公里路程。在此之前，我是個三十年來從不運動的人，卻在沒有任何長跑經驗下決定挑戰。

問我為什麼要做這件事，是因為看到和我同年紀的朋友紛紛完成這項挑戰。「他們能做到，我也沒問題」、「就算現在沒辦法，只要不斷訓練，一定沒問題」，我如此確信，決定挑戰。

如果我沒有「自己一定做得到」的信念，就算再怎麼鼓起勇氣也沒用吧。當然帶給我勇氣的朋友們也相信我一定做得到，他們這句「你一定沒問題的！」帶給我無比勇氣。

抱持「只要努力，凡事都能克服」的信念，鼓起勇氣吧！

＊1《追求生存的意義》P.243
＊2《個體心理學講義》P.114

問題不在於失敗這種「體驗」，
而是因為「覺得」自己做不到，
折損勇氣才是一大問題。

阿德勒認為問題不在於失敗，而是總以「自己做不到」、「小看自己*1」、「不想嘗到失敗苦果*2」或是「那個人就是因為在工作上重重摔一跤，所以人生就此走下坡」為藉口。問題是，也有那種積極向前，覺得「只要扳回一城就行了」的人，還有人會「記取這次的教訓，相信失敗為成功之母」，給自己增添勇氣。足見經驗決定的不是未來，而是決定這個人有多少「有意義」的勇氣量，決定未來的行為。

阿德勒主張：「就算是再怎麼重要的經驗，也不是決定成功或失敗的原因。我們不應被自身經驗所受到的衝擊，也就是創傷所束縛，（中略）而是著眼於經驗賦予的意義，決定自己要怎麼做。*3」

經歷過工作、人際關係、家庭破碎等種種失敗的我曾深陷絕望漩渦，罹患憂鬱症。後來因緣際會接觸到阿德勒心理學，明白只要認同過去的經歷是有意義的，便能改變未來的行為，從而重拾自信。總之，要賦予什麼樣的意義，端視自己而定，這就是阿德勒讓我明白的道理。

失敗時，不要一味小看自己，認為自己「再也無法東山再起」。

＊1《孩子的教育》P.136
＊2 同前書 P.14
＊3《人生意義的心理學（上）》P.21

無論是斥責、說教、懲罰都無效，
要說能起到什麼作用，頂多就是調教吧。
總之，冷靜溝通最重要。

阿德勒認為：「懲罰、訓斥、說教等方法都無法收到任何效果，這是再怎麼強調都不為過的事。[*1]」並認為：「要說這樣的教育方式能起到什麼作用，頂多就是調教吧。問題是，這種事沒有任何價值可言。[*2]」

那麼，究竟該怎麼做呢？阿德勒認為「冷靜溝通就對了」。面對將玩具扔得一地的孩子，阿德勒不會斥責，而是冷靜溝通。「你很厲害耶！可以把玩具扔得到處都是，那是不是也能收拾得很乾淨呢？[*3]」於是小朋友主動收拾玩具。

阿德勒的女兒亞莉珊卓沒有遵守門禁時間，很晚才回家，於是阿德勒在她的枕邊留了一封信。「妳怎麼看待自己晚歸一事呢？[*4]」

當然這時能否帶給對方勇氣也很重要。面對失了勇氣的人，就算和他冷靜溝通，他還是無法踏出一步；就算腦子想這麼做，也遲遲無法付諸行動，所以這時除了溝通之外，還要給予對方勇氣，千萬不要一味斥責。

別再一味斥責、懲罰、說教。

＊1《個體心理學講義》P.20
＊2《人類智慧的心理學》P.147
＊3《阿德勒的回憶》P.56
＊4 同前書 P.34

只要家裡有一位優秀的孩子，
其他孩子很容易變成行為偏差的小孩。
這是由於覺得父母偏心，深感挫折的緣故。

80

只要家裡有一位優秀的孩子，其他兄弟姊妹就很容易深感挫折。阿德勒以只有一棵樹長得特別迅速來比喻這樣的情形。

由於這棵樹獨占陽光，「其他樹木根本享受不到陽光的滋潤。這棵樹不停生長，奪取其他樹木的養分，深深影響其他樹木的生長。*1」

家中的優秀孩子獨占其他兄弟姊妹本來應該擁有的東西，像是關注、稱讚、親情等，因此其他手足會出現偏差行為也是理所當然。

阿德勒指出：「幼時幾乎都是因為覺得（他人）偏心，而深感挫折。*2」就算父母一視同仁的對待孩子，除了比較優秀的孩子之外，其他手足還是會覺得被差別對待。除非父母很用心地做到一視同仁，否則其他孩子還是會覺得父母偏心，深感挫折。

這道理不僅適用於手足之間，好比偉大父親的孩子往往會因為覺得自己「無法和父親的成就匹敵*3」而深受挫折，自我放棄；因此千萬不要和兄弟姊妹、父母比較。父母師長也要一視同仁的對待孩子，這是身為教育者必須留意的要點。

不要和他人比較。

*1*3《人生意義的心理學（上）》P.175
*2 同前書 P.169

要是過於期待「人生是玫瑰色」，恐怕會失望吧。
要是過於畏懼「人生充滿危險與困難」，就會退縮不前吧。
過於關心對方的課題，只會折損對方的勇氣。

倘若父母師長只教導孩子「這世界很有趣，世界是玫瑰色」的話，恐怕孩子明白現實的嚴苛後，很容易失去勇氣。相反的，要是父母師長一再告誡孩子「人生充滿危險與困難」，也會折損孩子的勇氣。

無論是成功還是失敗，這番體驗本身並不會成為問題，重點在於自己如何看待這番體驗，而這樣的態度也會決定今後的人生。因此，父母師長絕對不能在這件事情貼上任何標籤，應該靜待孩子、學生自己決定。

那麼，父母師長什麼也不能做嗎？倒也不是。帶給對方勇氣的方法有千百種。首先，父母師長自身要有勇氣，面對充滿困難的人生，讓孩子看到自己開拓人生的勇敢姿態，然後給予孩子適當的課題，訓練他們，但不能插手或建議，只能從旁默默守護；當孩子解決課題時，再好好鼓勵他。總之，父母師長絕對不能代為解決問題，也不能給予偏頗的意見，從旁默默守護就對了。這就是給予對方勇氣的方法。

父母師長能做的就是從旁默默守護，不要主動出手幫忙，也不要給予偏頗的意見。

不能稱讚。
在稱讚中成長的孩子容易在意他人的眼光。
變成習慣察言觀色，膽怯懦弱的人。

82

阿德勒心理學認為「稱讚」一事會折損勇氣。

通常「稱讚」與「斥責」是一組的，斥責是用來希望對方採取什麼樣的行動，或是不希望對方有什麼行動。

這是操控對方的一種行為，結果只會造成在稱讚中長大的孩子有著「就算成功，要是得不到別人的認同就不會滿足*1」的心態。

這種心態一旦變得強烈，就會忘了解決困難的樂趣與價值，一味追求別人的評價，甚至被自卑感束縛。對於得不到評價的事，則是不努力也不感興趣，甚至成了習慣看別人臉色的傢伙，失去自在而活的樂趣。

阿德勒心理學主張不以稱讚方式給予對方勇氣。所謂給予對方勇氣，是抱著希望對方「覺得自己對他人有所貢獻，有生存的價值」這樣的念頭。

因此，不要告訴對方「這麼做就行了」，而是相互尊重，彼此信賴，千萬不要試圖操控對方。比起「稱讚」，「同理心」與「感謝」更能帶給對方勇氣。

不要用「稱讚」評論結果，要以「感謝」、「同理心」給予對方勇氣。

*1《孩子的教育》P.39

指出對方的錯誤時，不是給予什麼指導。
而是表示關心，抱持同理心看待。
也就是試著以對方的觀點、想法來看待。

阿德勒心理學的心理諮商自始至終都在強調給予他人勇氣這件事，而且有其明確的理由。阿德勒認為諮商心理師要是無法關心案主，抱持同理心，絕對無法給予有效治療。

「只有真心關懷對方，才能成功治癒對方。我們必須試著以對方的觀點、想法來看待。*1」

「無論是討好患者、輕蔑患者，都無法給予適切的援助，必須讓對方感受到你是出於真誠的關心。*2」

真正的關心、同理心是試著站在對方的立場，理解對方。我們往往忘了站在對方的立場看待事情，而是站在自己的立場來理解對方；也就是用自己的眼睛、用自己的耳朵看待對方，誤以為自己理解對方。

同理心的構成要素並非理解，而是勇氣。雖然我們無法給予缺乏勇氣的人任何治療，卻能用對方的眼睛看，用對方的耳朵聽，理解對方，帶給對方勇氣。

我們要站在對方的立場，看待對方的事。

＊1《人生意義的心理學（上）》P.91
＊2 同前書 P.92

膽怯會傳染，
勇氣也會傳染，
因此缺乏勇氣的人，無法帶給他人勇氣。

84

「不只勇氣，膽怯也會傳染。*1」

阿德勒認為：「唯有自己有勇氣的人，才能給予他人勇氣。」

給予他人勇氣之前，自己要先鼓起勇氣，因為要是自己沒有補足勇氣，便無法帶給對方勇氣。缺乏勇氣一事，就是找藉口逃避自己應該面對的課題，也就是膽怯。「膽怯會傳染」，就算想帶給對方勇氣，卻將自己的膽怯傳染給對方，拉對方也陷入膽怯的漩渦中。

重要的是，先解決自己的課題，才能幫忙他人解決他的課題。有勇氣的人勇於面對自己的課題，尋求解決之道；總是找藉口逃避的人，不可能幫助別人解決課題。

「自己必須具有能夠給予他人的東西。*2」

先從自己開始做起，自己先鼓起勇氣吧。

帶給別人勇氣之前，自己先鼓起勇氣。

*1 Mark H. Stone, Kare A. Drescher, *ADLER SPEAKS The Lectures of Alfred Adler*, iUniverse, 2004. P.35
*2《孩子的教育》P.163

危急時，就別談什麼「勇氣」了。
好比溺水、從大樓摔落等情況，還是救人為先。
勇氣什麼的，之後再說吧。

舉辦關於阿德勒心理學的演講或研習營時，常被問到這樣的問題。

「就算是危急時，還是要帶給對方勇氣嗎？」

答案當然是ＮＯ。阿德勒認為：

「看到有人溺水，不是丟給他一本教導《如何游泳》的書，而是救人為先，要教之後再教。*1」、「看到小孩站在二十樓的窗邊，要先設法救人，要斥罵之後再說。*2」

這道理也適用於職場，不是嗎？阿德勒心理學的勇氣是建立在相互尊重、彼此信賴的條件上，所以非常適用於職場的人際關係、培育人才等方面。不過遇到危急情況時，還是要以解決燃眉之急為優先，好比遇到重大麻煩時，或是接到客訴時，這時當然先把給予勇氣一事擱一旁。

然而，也要注意犯錯者不能以此為藉口，逃避勇氣一事，甚至陷入自卑情結。重要的是，一旦危機解除後就要賦予其勇氣。這是現實中一再發生的情況，也是唯一的解決之道。

危急時，要先解決燃眉之急，待危機解除後，再談給予勇氣一事。

＊1＊2《阿德勒的回憶》P.167

我們要擁有「不完美的勇氣」，
「失敗的勇氣」，
「雖然面臨挫折，卻能開朗面對的勇氣」。

86

擁有「不完美的勇氣」，這是阿德勒派學者拉札斯・菲爾德（1901-1976，Paul Felix Lazarsfeld，美籍奧地利社會學家）的名言。

阿德勒在著作中，提出三種勇氣。

「『不完美的勇氣』、『失敗的勇氣』、『縱使面臨挫折，也能開朗面對的勇氣』。*1」

只要擁有這三種勇氣，便能無條件肯定真實的自己。

沒有人不犯錯，也沒有人從未失敗，更沒有完美無缺的人。要是缺乏這三種勇氣，這世上無論是誰都不可能擁有勇氣。因此，我們要勉勵自己擁有這三種勇氣。

所謂「自我肯定」，就是有理由、有條件的肯定自己。好比「因為成績很好」、「因為受到評價」、「因為受到別人喜愛」、「因為幫助別人」而肯定自我。

阿德勒主張的「接受自我」，就是「毫無理由」、無條件地認同自己。正因為認同不完美、失敗、犯錯的自己，才能擁有勇氣。

唯有認同真實的自己，才能帶給別人勇氣。

接受不完美、遭遇失敗、犯錯的真實自己。

＊1 Mark H. Stone, Kare A. Drescher, *ADLER SPEAKS The Lectures of Alfred Adler*, iUniverse, 2004. P.32

無論身處任何情況都需要勇氣，
而且不只一次，
必須一而再、再而三，時常給予對方和自己勇氣。

87

本書的主題是「改變自我」。那麼，人要如何改變呢？阿德勒的主張如下。

「無論治療到哪個階段，都必須保有勇氣。*1」、「唯有和充滿希望、喜悅的孩子們在一起，教育才有可能萌芽。*2」、「一個人能受到多大的影響，要看給予影響的人能夠影響對方到什麼地步。*3」

父母師長、公司主管等，無論身處什麼樣的情況都要時常給予孩子、部屬勇氣。因此，若想靠自己的力量改變自己，必須時常給自己增添勇氣。

我也常在工作或其他事情嘗試新挑戰，但挑戰往往會伴隨風險，一旦失敗，信用、金錢、時間、活力等都會被奪走，有時還會因為恐懼而退縮不前。這時除了反覆演練計畫之外，更要給予自己勇氣。「我一定可以做到」、「不完美也沒關係」、「就算失敗也沒關係」，這麼告訴自己就對了。只要相信有勇氣，天下無難事。

無論遇到任何情況都要時常給予自己和對方勇氣。

＊1《尋求生存的意義》P.243
＊2《孩子的教育》P.68
＊3《人類智慧的心理學》P.69

第八章

倘若能完成一件事，
意味著也能完成其他事。
——關於「改變自我」

「記得小時候，我們小孩子都是和大人同桌用餐，
而且吃完後看自己高興，要留到何時都行。」
亞莉珊卓（作者注：阿德勒的長女）回憶孩提時代的事。

「父親和母親告訴我們，
自己決定何時離席、上床睡覺。
只有一個條件，
那就是明早上學不能遲到。」

摘自《阿德勒的生涯》（金子書房）

無論是音樂還是舞蹈，什麼都行。
讓自己體驗過一次「做得很好」的感覺。
這個體驗絕對能激勵你「做其他事一定也能做得很好」。

88

阿德勒認為：「一件事做得好，其他事情也會很順利，這道理不僅適用於教育，也適用於人生其他方面。*[1]」

我曾任職的RECRUIT公司面試新人時，這麼要求：「不管是玩劍玉，還是收集郵票，什麼都行，我們想要那種能把一件事做到最好的人。」

阿德勒也說過同樣的話：「不管是音樂、手工藝、還是默劇，什麼都行，只要體驗過一次做得很好的感覺，其他事情一定也不是問題。*[2]」

不必一開始就挑戰高難度的事，也沒必要做些自己深感棘手的事，只要依據每個人擁有的東西，挑戰自己感興趣的事就行了。培養自信最重要。

師長父母與上司詢問學生、孩子、部屬：「你對什麼感興趣？*[3]」，並且幫助他們擴展這件事，這一點很重要，因為由此得到的成功體驗可以促使自信擴及到其他事。當然不是一下子就擴展開來，而是先從一件事開始，其他事也會跟著順遂。「因為覺得自己做得到，所以一定做得到*[4]。」踏出第一步就對了。

找一件自己感興趣的事並做好，然後將這份自信擴及到其他事。

＊1＊2《孩子的教育》P.144
＊3《阿德勒的回憶》P.144
＊4《孩子的教育》P.66

和對方一起構築共同體感覺，體驗這種感覺。
並擴展這種體驗，
對象從母親到父親、兄弟姊妹，甚至擴及朋友。

若想提升對方的共同體感覺，光講道理是沒有用的。唯有和對方一起構築高度共同體感覺，然後將這種體驗擴及他人，才能得到最佳效果。「一旦體驗過『做得好』的感覺，這種體驗就會擴展，覺得自己『其他事也能做得好』。」這就是共同體感覺。

人們會想將自己體驗到的好事分享給別人，不可能將自己沒體驗過的事分享給他人。「原來共同體感覺這麼棒啊！」正因為自己體驗過這種感覺，才能提升對方的共同體感覺。

當然，也會不想讓別人看到不好的一面。倘若父母師長、諮商心理師、上司本身沒有共同體感覺，只會一味批評、責備對方的話，肯定會帶給對方不好的影響。

阿德勒心理學認為人具有選擇自己性格的自我決定性，但也認為家人和師長具有一定的影響力，不是「決定因素」而是「影響因素」。站在教育者的立場，必須謹記自己就是良善的影響因素。

先與對方構築共同體感覺，並擴展開來。

心想「明天要讓誰開心」，
便能解決所有問題，
無論是工作、金錢、人際關係、愛情還是家庭關係。

如同前述，共同體感覺是成功與失敗、幸與不幸、善與惡等一切事物的畫分基準。也就是說，所有問題的原因都是缺乏共同體感覺。因此，若能提升共同體感覺，應該就能解決所有問題。阿德勒留下這樣的見解。

前面提到有位女性深為失眠所苦，阿德勒給了她一道課題：「妳思考明天如何讓妳丈夫開心。」結果親身實踐的她「睡得很熟」。有句諺語「一事表萬事」，意思是一件事能代表所有事，因為所有事情都有關聯。

過去職場上的前輩曾這麼告訴我：「要是覺得工作不順利的話，就去掃墓吧。」那時還年輕的我，心想：「要是凡事求神問卜都能如願的話，幹嘛還要做得這麼辛苦啊！」如今我終於明白前輩那句話的意思。不認為掃墓是件重要的事，顯示這個人的共同體感覺偏低。我們的生命來自於祖先的賜予，以忙碌為藉口，不懂得慎終追遠的人，自然也不會珍惜客戶與同事。一事表萬事，養成讓周遭的人開心的習慣，便能解決所有問題。

每天思考「如何讓周遭的人開心」吧。

嚴格的教育會戕害一個人，促使一個人墮落。*1
因為嚴格反而會讓一個人習慣依賴。
正因為自由、自治，才能要求負起責任，才能催生偉大。

阿德勒認為嚴格的教育產生的弊害就是「就算再怎麼要求，也無法提升成效。＊2」嚴格的教育有雙重問題。

首先，嚴格要求會破壞教育者與被教育者之間的信賴關係，拉開兩人的距離。在這樣的情況下，不可能做好教育這件事。可想而知，也會讓對方失去「共同體感覺」，失去人生最重要的東西。

第二，嚴格的教育與依賴有關。嚴格管理與調教一樣，不給對方思考、判斷的自由，強壓自己的想法在他人身上，只會讓對方停止思考與盲目服從。就算強求對方做出什麼成果，也無法讓對方產生自信，而且對方就算失敗也不會反省，因為不覺得是自己的責任。足見強迫無法讓一個人學習到什麼，再怎麼高明的管理也走不出調教的框架。

真正的教育是給予對方「決定的自由」與「自治＊3」，也就是自我負責。藉由因為自主決定而催生出的成功果實，帶給對方自信；藉由因為自主決定而品嘗到的失敗痛楚以及累積責任所帶來的體驗，從經驗中學習。

捨棄強制與壓抑，給予對方自由與自治。

＊1《人類智慧的心理學》P.23
＊2《個體心理學講義》P.20
＊3《人生意義的心理學（下）》P.18

我不相信遺傳能左右一個人的能力。
要是有的話，也是教導之人的能力問題。

92

如果光憑遺傳就能判斷一個人的天賦能力，那就不需要教育者了。阿德勒認為：「所謂因材施教，就是無論有沒有能力，都能讓人有所成長的教育。*1」

「我不相信孩子有什麼能力說，就算有能力說這回事，指的也是老師有沒有能力。*2」「專家、老師和父母要是在教育方面找不到什麼矯正偏差的方法，往往會推說是天生遺傳如此。*3」所以孩子有無能力一說，充其量只是父母師長的怠慢以及慣用的藉口。

此外，阿德勒認為正常組織也會有必須彌補不足能力的情形，這時就是發揮組織功用的時機。經營學家彼得・杜拉克也說過相同的話：「經營管理就是抹消個人的弱點，將個人的強項發揮到極致。」

教育者不能感嘆學生的程度不好，就算程度再怎麼不好，也要設法補強對方的不足，促使他能發揮長才，並對於社會全體有所貢獻，這就是教育者的職志。不能一味推託是遺傳的關係，放棄自己應盡的責任。

設法將弱點轉變成強項，無論對方有無能力都要盡力支援。

＊1《人為什麼會罹患身心症？》P.10
＊2《難以管教的孩子們》P.188
＊3《人為什麼會罹患身心症？》P.11

父母的確會影響孩子，但不能責備父母。
因為父母也不曉得該如何是好。
父母的父母會犯錯，父母也會犯錯，所以這不是誰的錯。

阿德勒心理學的核心概念之一，就是「自我決定性」。人會自己決定自己的性格與價值判斷，好比雖然接受來自父母、家人和師長的影響，但這影響有何意義、該怎麼做也是取決於自己。環境只是影響因素，決定因素往往是自己。

這種「自己主宰命運*1」的想法容易被批評稍嫌嚴苛，因為一切問題與過錯都在於自己，不能歸咎於他人。不過，卻也被視為充滿自我可能性與希望的心理學。自己的人生取決於自己，所以今後的人生也掌握在自己手上，隨時都能改變。

許多父母、師長、上司沒有接觸過阿德勒心理學，有可能施以錯誤的教育方式，不是嗎？然而，「父母的父母會犯錯，父母也會犯錯*2」也就是說，「這不是誰的錯*3」。心態不健全的人會怪罪他人，這是因為自卑感找不到出口宣洩，所以一味攻擊別人的弱點。從自己開始改變，斬斷錯誤的人生觀與教育方式，相信自己一定做得到。

別再責備給予自己錯誤教導的人，由自己改變起就對了。

＊1《性格的心理學》P.18
＊2《追求生存的意義》P.239
＊3《人生意義的心理學（上）》P.153

一味批評，並不能解決問題。
而是要剖析之所以發生問題的經緯。
找到幼少時期，自己決定的偏差人生觀。

阿德勒認為：「告訴患者『你缺乏共同體感覺』或是『你不懂得關心別人』、『你心存自卑感』等這些個體心理學的理論，並無任何益處。＊1」

那麼，該怎麼做比較好呢？要點如下。

「心理學家以授課似的客觀口吻，卻是以孩子也能理解的方式（中略）說明自己為何遭到排擠，為何能得到別人的偏愛，為何不再期望成功一事等。＊2」

一味指責對方，不但無法構築彼此的信賴關係，還會促使對方緊閉心扉。不但無法帶給對方勇氣，還會折損對方的勇氣，可說百害而無一利。

指導者、諮商師會像授課一樣分析對方性格形塑的偏差，以說故事的口吻進行溝通，像是「你的幼少時期，有否判斷錯誤過什麼事？」、「在缺乏共同體感覺的情況下，如何構築你的價值感？」、「你為何會失去自信？」剖析之所以發生問題的經緯。如果對方心態成熟的話，或許就會像玩推理遊戲般協助找尋「出錯的點」，唯有理性理解之人才能改變自我。

停止一味批評，客觀思考究竟哪裡出錯。

＊1《人為什麼會罹患身心症？》P.93
＊2《孩子的教育》P.146

縱使剔除問題，改變問題的型態，下次也還是會遇到同樣的問題。
唾棄根本性的偏差性格，
了解究竟哪裡出錯，重新訂立目標。

譬如，因為恐懼人際關係與工作的失敗而深為失眠所苦的患者，就算吃助眠藥入睡，也會出現偏頭痛、眩暈等其他症狀，因此不是剔除一個個問題，而是改變根本性的偏差想法，要是不這麼做，永遠無法脫離痛苦深淵。因為這不是罹病，而是基於人際關係引發的緊張與憂鬱。

首先，找到自己的偏差想法。閱讀本書的第二章、第三章應該能幫助你找到，對於大部分人來說，都是些容易有所共鳴的內容。一旦發現偏差之處，如同德國有句古諺，要對這想法「朝湯裡吐口水*1」，也就是不再重蹈覆轍的意思。

然後重新做一碗名為新想法的湯，好比「周遭人不是敵人，是夥伴」、「我可以做到，不是不能做到」這樣的感覺。

這碗名為新想法的湯就是生存目標，也是指針。阿德勒認為不該存著「只要能理解這些關聯（中略）便能維持現狀的心態*2」，而是要抱持著「一旦確信選擇的目標不佳，便能改變自己的行為。*3」

唾棄錯誤的自我目標，做一碗新湯吧。

＊1《人生意義的心理學（上）》P.142
＊2《難以管教的孩子們》P.116
＊3《人生意義的心理學（上）》P.81

要想改變一個人，
必須了解他幼少時期性格養成的偏差之處。
因為無論到幾歲，都有可能修正偏差。

96

阿德勒認為面對人生的態度，人生的腳本「性格」（生活型態）取決於自己，但「最多到五歲*1」，性格便定型了。現代阿德勒心理學則修改為十歲左右。

那麼，長大後就無法改變幼少時期的性格囉？阿德勒斷言：「直到臨終前一天、兩天還是可以改變。」

那麼，該怎麼做才能改變自己的性格？

阿德勒認為：「必須修正那時候的偏差*2」、「指出哪裡有偏差」、「藉由回想當時的整體情況，嘗試修正錯誤*3」。

阿德勒心理學運用稱為「追溯過往的分析」這項技法，從記述幼少時期的情節記憶中，將比較特殊的部分，像是「自我概念：自己處於什麼樣的情況？」、「世界像：他人與社會又是什麼樣的情況？」、「自我理想：自己要如何付諸行動？」化為言語，找出幼少時期哪裡有偏差。若能徹底理解，一定能改變一個人，因為我們「是一幅畫，同時也是畫家*4」。

找出並修正幼少時期的偏差之處，無論幾歲都能改變人生。

＊1《人生意義的心理學（上）》P.40
＊2《個體心理學講義》P.14
＊3《人生意義的心理學（下）》P.78
＊4《孩子的教育》P.9

所謂「追溯過往的分析」，就是搜索幼少時期的情節記憶。

「我是〇〇」、「別人是〇〇」，

解開「所以我必須也是〇〇」的謎題。

阿德勒認為教育者、醫師應該做的事，就是「指出哪裡有誤，別無他法。唯有審視幼少時期的偏差之處，才有說服力*1」，又補充道：「為了了解一件事，必須解開孩子的成長歷程*2」。

阿德勒派的諮商心理師會請當事人說出幼少時期（到十歲左右）三至五個情節記憶，並加以分析。因為從幾千萬個記憶中所挑選出來的情節，深刻反映當事人的性格。

我曾接受過好幾次這種「追溯過往的分析」，從而搜索出「年少時的我總是想幫助因為離婚而悲傷哭泣的母親」，與此有關的記憶就像雲霄飛車般牽引出一連串連續劇似的記憶。我由此了解到自己是個「想解救苦難人們的特別主角，人生就像一齣連續劇」。現在的我試圖改變，期許自己「明白真正的幸福就藏在平凡日常中」，擁有「一般人也有的勇氣」。

人改變的第一步就是了解自己，一旦明白了就能改變。

從幼少時期的情節記憶，分析自己的性格。

＊1《人生意義的心理學（下）》P.78
＊2《孩子的教育》P.22

「我們帶著什麼來到世上」這問題並不重要，
重要的是「如何使用帶著的東西」。
改變性格也行，不改變也沒關係。

98

阿德勒心理學又稱為「使用的心理學」，我們與生俱來的氣質有優點、也有缺點，端視個人「怎麼使用」。

例如，阿德勒學派的人將「缺乏專注力」的人，換了比較正面的說法，那就是「散漫」、「過動」。因此，不是硬要改變「與生俱來的氣質」，而是改變「使用方法」。

「性格」也是一種「使用方法」。「散漫」、「過動」的人將自己定義成「缺乏專注力又無能」，若是定義為「能發想新穎點子，具有行動力」，這個人的行為與人生也會不一樣，亦即不必改變與生俱來的氣質，只要改變如何使用「性格」的方法。

選擇職業也是一種使用方式。「散漫」、「過動」的人，比起擔任管理職，或許更適合擔任業務或開發新事業等職務。像這樣不要硬是改變性格，而是改變職業選擇也是一種「使用的心理學」。

此外，可以藉由習慣彌補專注力，過動的人養成筆記習慣，也可以有效避免自己忘記該做什麼事，這也是「使用的心理學」。

比起思索自己帶著什麼來到世上，不如想想「該如何使用」。

光是改變心，並不夠，還要付諸行動。
不是等待誰先起頭，
你一個人也可以開始，即便沒有任何益處。

99

「光是有好的發想並不夠，生存在社會最重要的是實際付諸行動，以及實際給予什麼。*1」

這是阿德勒的主張。無論是看書、聽演講、還是傾聽別人的建議，要是沒有付諸行動的話，就無法有任何改變。

「必須做些什麼」事真的很重要。你感受到什麼並非問題所在，因為情感不能成為理由。*2」

情感是一種藉口。應該做的事＝常識，當自己存有相反意圖時，情感就會擴增。當你覺得「不想做應該做的事」時，就會搬出情感作為藉口，這時最常說的謊就是：「為什麼只有我？」、「明明沒有人為我做任何事，為什麼只有我非做不可？」。

阿德勒這麼解釋：「必須有人起頭才行，就算得不到來自其他人的協助，也與你無關，我的建議就是這樣。你應該先起頭，不是想著別人是否會幫忙。*3」拋卻藉口，付諸行動，你一定可以做到，一定可以改變自己。

拋卻藉口，付諸行動，改變自我吧。

＊1《個體心理學講義》P.32
＊2《阿德勒的回憶》P.168
＊3《人生意義的心理學（下）》P.70

環境由你打造。
然後，
你也打造了環境。

100

無論是誰，隨時都能改變，還能改變別人和世界，這是阿德勒的主張。

當然，不可能立刻改變對方。雖然我們有如大海中的一滴海水，就算再怎麼渺小，也能影響別人。

阿德勒引用瑞士教育家約翰・海因里希・裴斯泰洛齊（Johann Heinrich Pestalozzi，1746-1827）的名言：「環境形塑人，人打造環境。[*1]」如果你萌生「想改變」的念頭，周遭環境肯定會受到影響。你絕對不是環境的犧牲者，也不會無力改變環境。

「照亮一隅的人，也能成為國寶。」我很喜歡最澄（767-822，平安時代僧侶，天台宗的開山祖師）這句名言。一個人用蠟燭只能照亮一處角落，但如果有人受此影響而點燈，這股影響會不斷擴展，待有萬人都這麼做，便能照亮整個國家。不要心存「一個人就算想要改變，也無法改變什麼」的念頭，便逃進虛無主義與自卑的殼裡，而是從照亮一處角落做起。

這種事一定要有人起頭才行，而這個人就是你。

只要你改變，世界也會改變。

*1 Alfred Adler, *The Collected Clinical Works of Alfred Adler, Volume 6 Journal Articles:1927-1931*.Gerald L.Liebenau trans., Henry T. Stein, Ph.D.ed., Classical Adlerian Translation Project, 2004.

後記

你做了些什麼？

「阿德勒問我們：

『從我們上次見面過後，你做了些什麼？去年我們討論的那位患者後來如何了？那些孩子的現況如何？』*1

然後，他又問我們：

『那麼，為了改善狀況，你做了些什麼？』」。

為了「改變自我」，不能光只是想，還必須付諸行動。阿德勒恐怕也會這麼問閱讀完本書的你吧。

「那麼，為了改變自我，你做了些什麼？今後打算怎麼做？」

我想在你闔上這本書之前，腦中肯定浮現希望阿德勒給你明確答案的念頭。

要是沒有那些在日本極力推廣阿德勒心理學，充滿睿智的先進們，我不可能完成這本書，在此致上我最深的謝意。

本書的參考文獻幾乎都是出自岸見一郎先生以剖析觀點來翻譯的譯作。感謝傳授我阿德勒心理學，研究阿德勒心理學長達三十年的心理諮商專業指導員岩井俊憲老師，還要感謝蒙特婁個體心理學研究所理事長，同時也是紐約學派、芝加哥學派、舊金山學派等，Human Guild的首席顧問約瑟夫・貝爾格里諾博士，以及一起學習阿德勒心理諮商的夥伴們。最後，打從心底感謝不吝給予我協助的所有人。

小倉廣

＊1《阿德勒的回憶》Guy J. Manaster 合編／柿內邦博 合譯（創元社）P.78

參考文獻
一覽

《人為何會罹患身心症？》阿爾弗雷德・阿德勒著／岸見一郎譯（春秋社）
《追求生存的意義》阿爾弗雷德・阿德勒著／岸見一郎譯（Arte）
《人類智慧的心理學》阿爾弗雷德・阿德勒著／岸見一郎譯（Arte）
《難以管教的孩子們》阿爾弗雷德・阿德勒著／岸見一郎譯（Arte）
《性格的心理學》阿爾弗雷德・阿德勒著／岸見一郎譯（Arte）
《人生意義的心理學（上）（下）》阿爾弗雷德・阿德勒著／岸見一郎譯（Arte）
《個體心理學的技巧Ⅰ・Ⅱ》阿爾弗雷德・阿德勒著／岸見一郎譯（Arte）
《個體心理學講義》阿爾弗雷德・阿德勒著／岸見一郎譯（Arte）
《孩子的教育》阿爾弗雷德・阿德勒著／岸見一郎譯（Arte）
《孩子的性格》阿爾弗雷德・阿德勒著／岸見一郎譯（Arte）
《如何選擇性格》阿爾弗雷德・阿德勒著／岸見一郎譯（Arte）
《阿德勒的生涯》阿爾弗雷德・阿德勒著／岸見一郎譯（金子書房）

《阿德勒的回憶》G・J・Manaster、D・Deutsch、B・J・Overholt、G・Bainter 編、柿內邦博、井原文子、野田俊作譯（創元社）

《無意識的發現（下）》Henri Frédéric Ellenberger 著，木村敏、中井久夫審訂（弘文堂）

《阿德勒心理學的基礎》Dreikurs, Rudolf 著，宮野榮譯、野田俊作審訂（一光社）

《現代心理學（上）（下）》G・J・Manaster、R・J・Corsini 著、高尾利數、前田憲一譯（春秋社）

《阿德勒心理學入門》Robert W. Lundin 著、前田憲一譯（一光社）

《阿德勒心理學入門》Hertha・Orgler 著、西川好夫譯（清水弘文堂書房）

《歡迎來到阿德勒心理學》Alex L. Chew 著、岡野守也譯（金子書房）

《阿德勒心理學教科書》野田俊作審訂（Human Guild 出版部）

《阿德勒心理學講座Ⅰ・Ⅱ》野田俊作著（星雲社）

《阿德勒教你面對人生困境》岸見一郎著（日・NHK 出版／台・遠流出版）

《向阿德勒學習：何謂活著的勇氣》岸見一郎著（Arte）

《向阿德勒學習：愛與婚姻的諸相》岸見一郎 著（Arte）

《勇氣的心理學》岩井俊憲 著（金子書房）

《幸福論》Alain 著、神谷幹夫 譯（岩波文庫）

Alfred Adler, *What Life Should Mean to You*, Alan Porter ed., Martino Publishing, 2010.

Alfred Adler, *Understanding Human Nature*, W. Beran Wolfe trans., Fawcett Premier, 1957.

Alfred Adler, *Social Interest: A Challenge to Mankind*, Faber and Faber Ltd., 1938.

Alfred Adler, *Problem of Neurosis: A Book of Case-Histories*, Timeless Wisdom Collection, 2016.

Alfred Adler, *Alfred Adler 4 Book Collection: What Life Should Mean to You, The Pattern of Life; The Science of Living; The Neurotic Constitution*, Timeless Wisdom Collection, 2014.

Alfred Adler, *The Collected Clinical Works of Alfred Adler, Volume 11: Education for Prevention*, Henry T, Stein ed., The Classical Adlerian Translation, 2006.

Mark H. Stone, Kare A. Drescher, *ADLER SPEAKS The Lectures of Alfred Adler*, iUniverse, 2004.

Alfred Adler, *The Collected Clinical Works of Alfred Adler, Volume 6 Journal Articles: 1927-1931*, Gerald L.Liebenau trans., Henry T. Stein, Ph.D. ed., Classical Adlerian Translation Project, 2004.

來自各界的好評推薦

此書讓我更認識自己，人生由自己定義。

——水丰刀（「閱部客」知名說書 YouTuber）

人生不如意事十之八九，與其總是將時間浪費在抱怨，或是改變別人，還不如從改變自己比較快。看到這你可能會想：話雖如此，可是……?!人生沒有那麼多可是，這本書看就對了！

——柴鼠兄弟（斜槓型 Youtuber）

接納自己真是一輩子的功課！

——黃之盈（諮商心理師、作家）

勇氣是在不完美的情況下，依舊相信自己可以完美的信念。

——楊小黎（演員、主持人）

「做自己」不是停滯不前，擺爛度日，而是「做未來更好的自己」。這本書是我們踏上成長之路的絕佳嚮導，帶著它大步邁進吧！

——瑪那熊（諮商心理師）

覺察並接受不完美，然後開始成長並超越自己。

——蔡宇哲（台灣應用心理學會理事長）

勇氣是什麼？是面對、是接納、是即便困難仍敢於前進。且看阿德勒如何剖析各種生活日常，引領我們慢慢勇敢。

——蘇益賢（臨床心理師）

接受不完美的勇氣 2
——認識自己與改變自己的 100 句自我革命

ALFRED ADLER 100 Words to Change Yourself in a Heartbeat

作者　小倉廣
譯者　楊明綺
特約編輯　蔡曉玲
行銷企畫　許凱鈞
封面設計　陳文德
內頁設計　賴姵伶

發行人　王榮文
出版發行　遠流出版事業股份有限公司
地址　臺北市南昌路 2 段 81 號 6 樓
客服電話　02-2392-6899
傳真　02-2392-6658
郵撥　0189456-1
著作權顧問　蕭雄淋律師

2019 年 1 月 31 日　初版一刷
定價 新台幣 300 元（如有缺頁或破損，請寄回更換）
有著作權 ・ 侵害必究 Printed in Taiwan
ISBN：978-957-32-8427-7
遠流博識網 http://www.ylib.com
E-mail: ylib@ylib.com

ALFRED ADLER ISSHUNDE JIBUN GA KAWARU 100 NO KOTOBA
By HIROSHI OGURA
Copyright © 2017 HIROSHI OGURA
Chinese (in complex character only) translation copyright ©2019 by Yuan-Liou Publishing Co., Ltd.
All rights reserved.
Original Japanese language edition published by Diamond, Inc.
Chinese (in complex character only) translation rights arranged with Diamond, Inc.
through BARDON-CHINESE MEDIA AGENCY.

國家圖書館出版品預行編目 (CIP) 資料

接受不完美的勇氣 . 2, 認識自己與改變自己的 100 句自我革命 / 小倉廣著 ; 楊明綺譯 . -- 初版 . --
臺北市 : 遠流 , 2019.1
面 ;　公分
譯自 : アルフレッド・アドラー : 一瞬で自分が変わる 100 の言葉
ISBN 978-957-32-8427-7(平裝)
1. 自我肯定 2. 人際關係 3. 成功法
177.2　　107021828